『箴言』の読み方
命に至る人生の舵取り
How to Read Proverbs

Tremper Longman III

トレンパー・ロングマン著

楠 望 訳

Originally published in English under the title:

How to Read Proverbs

Copyright ©2002 by Tremper Longman III,
Published by InterVarsity Press, 430 Plaza Drive,
Downers Grove, IL 60559, USA.

www.ivpress.com. All rights reserved.

私の息子である
アンドリュー・イーストウィック・ロングマンに献ぐ

＊聖書の訳はおもに『聖書 聖書協会共同訳』© 日本聖書協会 2018 を用いた。
　必要に応じて口語訳、新共同訳、新改訳 2017 も用い、その場合は訳名を示した。
＊訳注は〔　　〕で示した。
＊箴言などの書名は、二重かぎ括弧をタイトルと目次に付したが、本文では省略した。
＊ヘブライ語の発音は最も近いと考えられるものを片仮名で表記したが、必ずしも正確
　とは言えない。
＊聖書の書名は初出以外は適宜略称を用いた。
　　例：コリントの信徒への手紙 一 → 一コリント書→一コリ
＊原書で巻末にまとめてある注を、本書では該当ページに脚注として示し、表記の仕方
　もおよそ原書に従った。
＊章によって章末に訳者注（ⅰ、ⅱ、ⅲ）を入れた。

目　次

感謝の言葉

計画は相談しなければ挫折し
多くの助言があれば実現する。

（箴言15：22）

　本の執筆というものは孤独な作業のように感じられるが、実際のところ
は、すべての段階において共同作業である。ここに、本書の執筆に協力し
てくださった人々に感謝を献げたい。

　まず、私が箴言を題材として講義をしてきた、さまざまな神学校の学生
たちに感謝したい。最近では、ウェストミンスター神学校、フラー神学校、
カナダ神学校で箴言の講義をした。

　第2に、出版前の原稿を読んでくださった匿名の査読者の方々に感謝申
し上げる。査読者の方々は、本書の各ページに反映されている数多くの有
益な示唆をくださった。たとえ提案された変更を取り入れなかったとして
も、その助言は、私が主張したい内容をより強固なものにする助けとなった。
もちろん、私が事実や解釈を誤って取り入れていたとしても、その責任は
彼らには一切ないことをここに記しておく。

　IVP（InterVarsity Press）の編集者であり、友人でもある、ダン・リードは、
私にとって非常に価値あるコメントをくださった。彼にも感謝申し上げたい。

　最後に、本書の執筆のあいだ忍耐をもって私を支えてくれた家族に改め
て感謝を述べたい。特に本書は、3人息子の末っ子であるアンドリュー・イー
ストウィック・ロングマンに献げる。彼は今年、ペパーダイン大学に進学する。
いつも喜んで助けてくれる彼の存在が本当に恋しくなるだろう。彼がじつ
に巧みにサッカーをしたり、ラクロスをしたりする姿が見られなくなるの
も寂しく思う。

トレンパー・ロングマン
2002年 夏

7

第1部

『箴言』を理解するために

UNDERSTANDING PROVERBS

第1章

なぜ『箴言』を読むのか？
WHY READ PROVERBS?

　人生は甘くない。たとえ束の間の安らぎを楽しめたとしても、複雑な状況や人間関係から完全に解放される人はいない。抱える問題もさまざまである。都合の悪いタイミングで陪審員に選ばれた通知が届くなど、小事に煩わされることもあれば、深刻な病いの発覚や長年の夫婦仲が壊れたりなど、大きな災難もあるだろう。朝起きて、今日もまたひっきりなしに立ちはだかる雑事をこなすだけの一日かと思い巡らす。私たちは、それらの問題を最小限に抑えられる人生の舵取りをしたいと、つねに願っている。

　聖書は、神に従うなら問題と無縁な人生を送れるとは決して語っていない。むしろ、その真逆を教えている。もちろん人生には喜びがあるが、コリントの信徒への手紙二1章5節を見ると（「キリストの苦しみが私たちに満ち溢れているように、私たちの受ける慰めもキリストによって満ち溢れているからです」）、その喜びは苦難の中にさえあることが分かる。そして究極の喜びは天でしか味わうことができないのだ。この地上に生きる限り、私たちは問題から逃れることはないのである。

　では、私たちは人生の問題にどう対処すべきなのか？　やっかいな人物や気詰まりな状況をどう扱うべきか？　何を語り、どのように行動すればよいのか？　感情をどう表現すべきなのか？　聖書は、人生の舵取りを心得ている人を、ある呼び方で呼んでいる。それは、「知恵ある人」である。このような人は多くの困難を避けることはできなくとも、たくましく生きること

ができる人である。

　しかし、私たちはどこから知恵を得ることができるのだろうか？　ここで箴言の序文を読み、この問いに答えてみようと思う。

箴言の目的とは

　箴言は、読者に対してじつにはっきりとその目的を伝えている。ソロモンと関連づける冒頭の言葉に続くのは、著者が箴言に抱いている明確な宣言である。[*1]

> これは知恵と諭しを知り　分別ある言葉を見極めるため。
> 見識ある諭しと　正義と公正と公平を受け入れるため。
> 思慮なき者に熟慮を　若者に知識と慎みを与えるため。
> 知恵ある人は聞いて判断力を増し　分別ある人は導きを得る。
> 箴言と風刺を　知恵ある言葉と惑わす言葉を見極めるため。
> 主を畏れることは知識の初め。無知な者は知恵も諭しも侮る。

（箴1：2-7）

知恵を教える

　箴言の目的として第一に取り上げられるのは、人々が知恵を知ることである。「知恵」（hokma、ホクマー）と「知識ある人」（hakam、ハーカーム）という言葉は序文だけでなく箴言全体で一貫して使われている。この書を本当の意味で理解するためには、この基本的な概念を理解しなくては始まらない。すなわち、箴言の目的は、読者であるあなたを知恵ある人とすることである。だから、知恵の本質を理解することは、この本を読んで恩恵を受けるためには当然重要になってくる。

　知恵という概念は非常に豊かで、簡潔にまとめるのは容易ではない。そのため、箴言を読み進めながら理解を深めていきたい。そこで、まずスタート地点として、知恵とは何かということの基本的な説明が必要だろう。知恵とは、生きる術である。あらゆる状況において、人のあるべき振る舞い、

[*1] 冒頭の言葉についての議論は付録1を参照。

語るべき言葉を知る助けである。知恵は問題を回避する能力、また問題を避けられないときには、それを乗り越える能力を与える。また知恵は、他者の話や文書を解釈したり、それに対して的確に対処したりする能力でもある。

　知恵とは、ただ単に知能そのものを指すのではない。必ずしも知能を除外するのではないが、少なくとも知能が中心ではない。箴言では、知恵ある人を動物に例えている。それは、その動物に優れた知能があるからではなく、生きるための舵取りを心得ているからである。

　　地の小さなものが四つ　それは知恵ある者の中の知恵ある者。
　　蟻（あり）は力のない民　それは夏の間に食物を集める。
　　岩狸は強くもない民　それは住みかを岩壁に置く。
　　王を持たないばった　それはそろって隊列を組んで進み行く。
　　手で捕まえられてしまうやもり　だがそれは王の宮殿にいる。

（30：24-28）

　この動物たちは高い IQ（知能指数）を持っているのではない。しかし、その生きるためのすばらしい術がここで単純に説明されているのである。

　IQ と言えば、『EQ こころの知能指数』という本がある。[2] この本では、知能指数（Intelligence Quotient：IQ）と心の知能指数（Emotional Quotient：EQ）を比較している。もちろん文中に聖書や箴言についての記述は見られないが、著者ダニエル・ゴールマンによる心の知能指数の概念の解説を読むと、少なくとも現時点での定義では、箴言における知恵の概念に非常に近いものを感じる。

　高い IQ を持つ人は多くの事柄を知っている。そのため、難解な数学の問題を解くことができる。また理性的に考えたり、論理を用いたりすることに堪能である。しかし、EQ が高い人は「自制、熱意、忍耐、意欲など」、違った能力を持っているというのだ。[3] 彼らは「自分自身を動機づけ、挫折してもしぶとくがんばれる能力……自分の気分をうまく整え、感情の乱

---

[2] ダニエル・ゴーマン『EQ こころの知能指数』（土屋京子訳、講談社＋α文庫, 1998.）
[3] 同書、p.8。

13

れに思考力を阻害されない能力……他人に共感でき、希望を維持できる能力……」を持っている。*4

聖書的知恵とは、IQ より EQ という考え方にかなり近い。知恵とは、生きる術（knowing how・どうするかを知ること）であり、単なる知能（knowing that・何であるかを知ること）ではない。ゴールマンの結論は注目に値する。すなわち、良い仕事に就くことや、日々を楽しみ、健全な人間関係を築くことなど、人生の成功と直結するのは IQ ではなく、EQ なのである。

なぜ私たちは箴言を読むのか？　それは、知恵を得るため、すなわち人生の舵取りの術を心得るためである。私たちは、この知恵という概念を理解するうえで、まだスタート地点に立ったばかりだ。その本質に潜んでいるのは、単なる友達作りや関係維持の方法、適切なタイミングで適切な言葉を発する方法だけではない。それよりはるかに重要な意味が見えてくるはずだ。しかもその本質こそが、本書への関心を高めるものになるはずである。

知恵の類語

箴言の中心テーマは言うまでもなく、知恵である。しかしその周囲には、知恵という言葉を補足する概念や言葉が多く溢れている。神学者たちがヘブライ語の「知恵（hokma、ホクマー）」と密接に関係する言葉を調べてきたことで、私たちも知恵についての理解を深めることができる。

今、本章において知恵に関連する言葉を網羅しようとはしないが、最も頻出する言葉については簡単に紹介したい。まず一つ目は、「懲らしめ・諭し」である。「叱責（musar、ムーサール）」とも訳されるこの言葉は、知恵がいかに真摯に受け止められるべきものであるかを伝えている。懲らしめ／諭し／叱責という言葉は、訓戒に背くならば罰せられることを暗示している。罰は言葉で与えられることもあれば（箴 12:1）、身体的になされる場合もある（13:24）。不従順な生徒をこのように罰するのは教師の義務である。しかし、時に罰というものは、誤った道を選んだ者に自ずと降りかかるものでもある。

*4 同書、P.61。

聖書で「成功、栄える（ヘブライ語根 *skl*）」と訳される言葉には「悟り（to have insight）」という意味も含まれる。これは物事の核心や本質を認識することを指している。この認識によって、知恵ある人は適切な行動や適切な話し方を選び取ることができる。したがって、「悟り」は知恵ある人になくてはならないものである。なぜなら、知恵ある人は御言葉を言語として正しく捉えるだけでなく、その文脈や読み手を把握することが必要であるからだ。

知恵と最も意味が近く、区別が容易ではない言葉として「理解（*bin*、ビーン）」と「知識（*da'at*、ダアト）」が挙げられる。これらの語は箴言で頻繁に用いられているため、一般的な用語にも思える。これらは「知恵（*hokma*、ホクマー）」と違い、事実についての知識、理解を強調しているのだろう。前述したとおり、*hokma* は知的能力を重視しない一方、「理解」「知識」といった表現は、知恵の重要な側面として扱われている。ただ、気を付けるべきことは、箴言という書物において、抽象的な知識や単なる知識のための知識は、まったくもって重要視されていないことである。真の知識とは、つねに人、神、被造物との関係を目的としたもの、またその関係のうちにあるものである。

「思慮深さ・慎み（*mezimma* メジンマ）」もまた、知恵ある人の財産である。「分別・識別」の意味も持つこの言葉は、人生において何が間違いかを見極め、的確に対処していく能力を指す。「見識（*'orma*、オルマ。「悟り」とも訳される）」は、これと密接に関係している。これは、人生の問題に対してうまく舵取りするために理性を用いる能力を指す。「見識ある」人は、状況を充分に注視し、慌てない。つまり、冷静な人である。

最後に、箴言における知恵の重要な側面を表す語彙グループに注目したい。行動を表す言葉で、「正義（*sedeq*、ツェデク）」、「公正（*mispat*、ミシュパート）」、「公平（*mesarim*、メーシャーリーム）」である。倫理的概念を表すこのような言葉が示すのは、人は知恵なしにこれら（正義、公正、公平）を得ることはできないし、正義、公正、徳の伴わない知恵というものもない、ということだ。つまり、箴言の教える知恵とは倫理的な性質を持つ。知恵ある人は、善良だということである。

ここでこの序文の要点をまとめるとすれば、箴言の目的は知恵を提示す

ることであることが分かる。さらに、序文で使われている言葉の数々は知恵ある人の人物像を豊かに彩っている。さらに序文にはまだ続きがある。ここからは、ある一つの目的にこれらの能力を適用していくことについて学びたいと思う。その目的とは、「解釈する」ことである。*5

読み解く能力

　冒頭の序文の後半は、知恵ある人による箴言を理解する能力について論じている。特に、次のような表現方法が登場する――ことわざ、箴言、難句(difficult sayings)、知恵ある人の言葉、謎、である。これらの言葉を翻訳するに当たっては、いまだ議論がまとまらない部分もある。例えば、多くの人は「洞察 (*tahbulot*、タフブーロース)」と訳されている言葉をことわざ、「風刺 (*melisa*、メリーツァー)」を難句、「謎かけ (*hidot*、ヒードース)」を謎*6 と理解する。これらの言葉の本来の意味についてはさまざまな異論があるにせよ、このような例はヘブライ語の特徴をよく表していると言えよう。言葉の解釈に戸惑うのは、ヘブライ語の文章に隠された意味や秘密の暗号があるからではなく、ヘブライ語文書の様式に起因するものである。ヘブライ語は、主題に対して間接的にアプローチする性質があり、事実を淡々と綴ることを好まない言語である。

　箴言には難解な言い回しが多く、謎のような表現も少なくない。比喩が多く使われているのも、間接的な言語表現をヘブライ語が好むからである。一体なぜ知恵が「首の飾り」なのか (1:9)。知恵の女とは誰のことか。箴言のヘブライ語は特に、聖書の翻訳で読むより格段に難解だろう。結局翻訳というものは、説明のない注解書に過ぎない。ヘブライ語やヘブライ語の書物を専門とする研究者は、現代の言語に翻訳するために、ある程度のところで伝わりやすい表現を取捨選択しなければならない。したがって、翻訳には原語のニュアンスを汲み取りきれていない表現が残っているのが現実なのである。

　箴言を読む技術は、それ自体「知恵」と呼ばれるべきものだが、冒頭の

*5 箴言での知恵に対する考えについてさらに見識を深めたいなら、Michael V. Fox, *Proverbs 1-9*, Anchor Bible (Garden City, N.Y.:Doubleday,2000), pp.28-38のディスカッションが大変すばらしい。
*6 ここで提示されている訳に対する反論は、Tremper Longman III, *Proverbs* (Grand Rapids, Mich.: Baker, 2006) を参照。

序文は、箴言の解釈について深く論じている。箴言を学ぶにつれて、この書物をどう扱うのが賢明なのかが徐々に明らかになっていくはずである。箴言は、ただ文章を読み理解するためだけにあるのではない。知恵ある人は一つひとつの箴言を、いつ、どのように適用すべきかを会得している人である。詳しい議論は後の章でするとして、まずはこの言葉を心に留めたい。

　　愚かな者が口にする箴言は　歩けない人の弱々しい足。(26：7)
　　愚かな者が口にする箴言は　酔いどれが手に振るあざみ。(26：9)

　この言葉を読んで分かるように、箴言は暗記すればよいというものではない。言い方を変えれば、単なる知識としての箴言では人生を舵取りする助けにはならない。もちろん、箴言を知っていることは決して悪いことではないが、それだけでは足りないのだ。

　　人は口から出る答えによって喜びを得る。
　　時宜に適った言葉のなんとすばらしいことか。(15：23)

　箴言にとどまらず、知恵文学［ヨブ記、箴言、コヘレトの言葉、詩篇の一部がそれに属する］全体に共通して言えることは、これらの言葉はいつでもどこでも使える一般概念的な教訓ではないことである。箴言は、文脈依存性が高い教えなのだ。この点については後に詳しく論じるが、ここでは、解釈の守備範囲の広さに着目してほしい。知恵ある人は、文面の言葉や人の話す言葉を解釈するだけにとどまらない。同時に、人間自身を解釈し、さらにはより広い見方から自分の置かれている状況をいかに解釈するかを知っている。
　箴言は私たちの解釈する能力を高めるという。人生のあらゆる場面で物事の解釈が関係してくるなら、それを軽視することはできないはずだ。

箴言は誰のために書かれたか？

　冒頭の序文には、箴言の本来の読み手が誰であるかが明示されている。確かに最初の9つの章は「息子」に向けて語られている。そのことを念頭

に冒頭部分を読み進めれば、比喩表現なども理解しやすいだろう。しかし、序文によれば読み手を狭い範囲に限定していないし、箴言全体に関してはなおさら幅広い読み手が想定されている。

　読み手が誰かという考察について、まずは冒頭の序文を三つの部分に分けてみよう。初めの部分（1：2-3）は一般的な「人々」に宛てられているが、残りの部分——さらに二つに分けられる部分——は、具体的な対象者が記されている。第一の人物は「思慮なき者」または「若者」である（1：4）。「思慮なき（peti、ペティー）」とは、賢くも愚かでもない。言うなれば、未熟な者である。愚かなことをする可能性を抱えている者と言うこともできる。この類の人物は、後に（1：22など）愚かな者（kesil、ケシール）や嘲る者（lason、ラーツォーン）と一括りに扱われている。しかし、愚かな者や嘲る者との決定的な違いは、学習の余地があることに尽きる。「無知な者は知恵も諭しも侮る」（1：7）が、思慮なき（未熟な）者は、聞く耳を持つ。文脈どおりに現代の言葉で表現するなら、「大人げない、子どもじみた人」である。このような者に対する箴言の目的は、彼らに正しい道を歩ませ、成長させることである。

　この序文で言及された二つ目の対象者は、知恵ある人、つまり成熟した者である。彼らもまた、箴言という書から多くを得る。彼らは「判断力を増し」、何よりも解釈する能力を高めることができる。

　最終的に言えることは、箴言はすべての人に向けて書かれている、ということである。ただし、一つ例外があることを忘れてはいけない。愚かな者は除外されている。むしろ、愚かな者は自分ごととして受け止めない、というのが正しいかもしれない。しかし、それはなぜか。その答えは、この序文のクライマックスとも言える最後の一節に隠されている。

主を畏れること

　「主を畏れることは知識の初め」——序文の最後のこの一節（1：7）は、この書物全体の主題と言えるだろう。このテーマについては、後に議論を深める。現時点で確認すべきことは、神なしの知恵は存在し得ないということである。この世界、また人生において、知恵ある人は、すべての基である神の存在を認めなければならない。愚かな者はそれを怠る人である。

愚か者は心の中で言う　「神などいない」と。(詩14：1)

　当然のことながら、愚かな者は神を拒むゆえに、知恵に加わることはできない。したがって、神を起点とすることが重要である。そのために、まず最初の9つの章に秘められた比喩表現から詳しく学んでいこう。命の道における、知恵の女との出会いである。

さらなる考察のために

1. 箴言の冒頭の序文では三つのタイプの人物、未熟な者、成熟した者、愚かな者が登場する。あなたはこのうち、どのタイプに当てはまると思うか。また、それはなぜか。

2. 箴言を読むうえで、あなたは何を得たいと期待しているか。あなたは何を目指して箴言を読むだろうか。

3. あなたは自分が知的だと思うか、賢いと思うか、その両方か。またはどちらも当てはまらないだろうか。理由も述べよ。

4. 神との関係性を持たずに、人は利口な者 (smart person) になれるだろうか。賢い者 (wise person) になれるだろうか。

5. 家族、友人、世間の著名人などで、賢い人だと思う人物はいるだろうか。理由も述べよ。

参考文献

Estes, Daniel J. *Hear, My Son: Teaching and Learning in Proverbs 1-9*. Grand Rapids, Mich.: Eerdmans, 1998.
Fox, Michael V. *Proverbs 1-9*. Anchor Bible. Garden City, N.Y.: Doubleday, 2000.

ダニエル・ゴールマン『EQ こころの知能指数』（土屋京子訳 講談社+α文庫 1998）。

Kidner, Derek. *The Wisdom of Proverbs, Job and Ecclesiastes.* Downers Grove, Ill.: InterVarsity Press, 1985.

G.フォン・ラート『イスラエルの知恵』（勝村弘也訳、日本基督教団出版局 1988）。

Whybray, R.N. *Wisdom in Proverbs: The Concept of Wisdom in Proverbs 1-9.* Naperville, Ill.: A. R. Allenson, 1965.

第2章

命の道を歩む

WALKING ON THE PATH OF LIFE

　箴言とは何かと考えるとき、即座に頭に浮かぶのは人生をうまく生きるための実用的な格言集というイメージではないだろうか。箴言には確かに、訓戒、禁則、見解の言葉がたくさん並んでいる（本書では後に、実用的な格言集としての箴言をどう適用するべきかを論じる）。しかし箴言は、本来バラバラの格言をかき集めたものでも、単なる実用的アドバイスのための本でもない。

　箴言を理解するために、私たちはまず書物全体の構成に着目する必要がある。ただし、この全体の構成というものが、決して単純明快とは言えない。特に箴言を格言集程度に捉え、自分の人生に直接役立つものだけを引っ張り出すような"あてずっぽう方式"で読むと、さらに構造は見えづらくなる。箴言は本来、しっかりと腰を据え、最初から最後まで途切れることなく読み通すべき書物なのである。

　そのように読むと、まず箴言1-9章と10-31章の違いに気付くだろう。後半が箴言（格言）集であるのに、前半は長めの談話が連続している。1-9章にいくつ談話が含まれているのか、確かなことは言えない。語り手の変化や「子」への呼びかけなどによって、談話の区切りが明白なものもある。しかし、語りの途中でそのような変化がある場合、新たな語りが始まったのか、またはそのまま同じ語りのままなのか、曖昧な箇所もある。

　私が今のところたどり着いた推測としては、次のような、全部で17の語りの区分である。

冒頭（1：1）

　この区分は、あくまで暫定的であることを断っておく。参照に便利なようにここに記した。箴言を最終的に分析する段階では、談話がいくつあるか、またどう分割されているかによって内容理解が大きく左右されることはない。ほとんどの談話は、父から子へのものであるが、中には読み手に向けられたものや、女による声も聴こえてくる（箴1：20-33、8：1-9：17）。この「女」こそが箴言のメッセージの中心となることが、後に明らかになるはずである。

わが子よ、聞け……

　文献学者は、想定されている文章の読み手/聴き手と、実際の読み手/

聴き手とを区別する重要性を示す。[1]「実際の読み手」である私たちは、
21世紀初頭の現在、箴言を開いて読み、その文章の意図するところを読み
解こうとしている。しかし、この書物が本来私たちに宛てられたものでは
なく「わが子（息子）」に宛てられたものであると認識していないなら、本
当の意味で内容を理解することはできない。箴言の語り手は、その対象が
息子であることを一貫して明示している（1：8、10、15など）。自らを父と位
置付ける語り手は、息子に人生の生き方、危険回避の仕方、成功の秘訣な
どに関する助言を与えているのである。私たちが箴言を深く理解していく
ためには、このような文学的なダイナミズムをさらに探索していく必要が
ある。

　父と子というダイナミズムは知恵の書でよく見られるものである。イスラ
エルの書物（コヘ12：12）に限らず、イスラエル周辺の国々の書物にも用い
られている。本書では後に、箴言とエジプト文学の関係性について論じるが、
現時点ではまず、古代文書の特徴でもある「父から子への語り」について
吟味してみよう。このスタイルが見られる最古の文書は、紀元前三千年終
期、アブラハムの時代よりも古い時代の「ハルジェデフの教え（Instructions
of Hardedef）」である。この書物の冒頭にはこう記されている。「ここに始ま
るは、教え。貴族・君候 行った 王の子ハルジェデフが 自ら育てたアウト
イブレーエという名の子に」。[2]

　箴言はこの文学ジャンル、つまり父から子に語る教訓文学という類に属す
る。ではこの父と子は本当の親子関係か、または師弟関係にあるのだろうか？
事実、古代の書記官が自分の弟子を「子」と呼ぶことはごく自然なことであっ
た。そのため箴言は、年長の賢者が自分の生徒をイスラエルの知恵の教師と
して育てるために語ったものだ、と結論づける研究者も多い。

　この理解も間違ってはいないだろう。確かに箴言には、宮廷で新米の知
者を教えるのに適した優れた助言が非常に多く含まれている。しかし、そ
れが全体像であるとは言い難い。箴言には、家庭内で交わされたと考える

[1] または、Adele Berlinの用語では"narratee"。*Poetics and Interpretation of Biblical Narrative* (Sheffield, U.K.: Almond, 1983), pp.52-54を参照。
[2] 英訳文は、Miriam Lichtheim, *Ancient Egyptian Literature* (Berkeley: University of California Press, 1975), 1:58を参照。日本語は『「ハルジェデフの教え」の本文校訂と解釈をめぐって』小山雅人 オリエント30-2（1987）：61-68

のが自然と思える言い回しや助言も多く見られるからだ。それだけでなく、箴言1章8節には何げないヒントも隠されている。この言葉は、父が母のいるところで語っていることが明らかである。

　　子よ、父の諭しを聞け。
　　母の教えをおろそかにするな。

　ここで少しまとめてみよう。箴言は、家庭、宮廷など、さまざまな場面で語られた知恵の言葉を集めた書物である。しかし、起源はどうあれ、現在の形では、これらは息子に対して語られたものとされている。したがって、本来の読み手／聴き手は息子、つまり若い男である。この事実が書物の初めで明らかになれば、箴言を理解する大きな手がかりが得られる。特に、知恵の女に関するインパクトの強い比喩表現を理解する助けとなるはずである。箴言を正しく読むために、私たちは若い男という本来の聴き手の立ち位置に立たなければならない。*3

命の道
　冒頭の9章全体に染み渡っているメタファー（隠喩）の一つは、derek（デレク）である。このヘブライ語の単語は「道」、「小道」、「道筋」と、さまざまな訳語が当てられている。また、他の言葉で同じように訳されているものもあるし、derek に対応するものとして併記される語もあるが、もっとも一般的なのは derek である。この derek は談話の部分で25回以上も使われているばかりか、冒頭の序文全体に響き渡るテーマでもある。私たちは derek とその類語のわずかな意味の違いをここで議論しようというのではない。なぜならこれらすべての言葉は、同じ一つのメタファーを作り上げているためである。
　人生におけるさまざまな行動について、「道」というメタファーは、非常に豊かな表現である。まず、今立たされている起点を示し（人生における現在

*3 英語のNew Living Translationでは「私の息子（my son）」が「私の子（my child）」として性差のない訳があてられているが、箴言5-7章、すなわち息子が淫らな女について警告を受けている箇所に限り、「私の息子（my son）」と訳されている。

地)、その目的地、さらに変化を生む節目（道中の分岐点）を表す。実際、「子」
には二つの道が示された。父は子に、「曲が」った（箴2：15）「闇の道」（2：
13）に警戒するよう告げている。このように危険が待ち伏せている道があ
ることを、以下の2章12-15節が語っている。

　　あなたを悪の道から　偽りを語る者から救い出すために。
　　彼らはまっすぐな道筋を捨て　闇の道を歩み
　　悪をなすことを喜びとし　悪意ある偽りに小躍りする。
　　その道筋は曲がり　道のりはゆがんでいる。

　このような道には、悪意を抱く人々による待ち伏せという危険も待ち構
えている。初めの談話で、父は子に、そのような人々が同じ道を歩む別の
人を攻撃しようと企んでも、それに加わってはいけないと警告している。

　　子よ、罪人が誘いをかけてきても　応じてはならない。
　　彼らはこう言うだろう　「一緒に来い。
　　待ち伏せして血を流してやろう。
　　無実の人を故なく狙おう。
　　陰府のように、生きたまま一呑みに
　　墓穴に落ちた者と全く同じようにしてやろう。
　　値打ちのあるものは残らず探し出し　戦利品で家を満たそう。
　　我々の仲間になって　財布も一つにしよう。」
　　子よ、彼らと共に道を歩んではならない。
　　彼らの行く道に踏み込まないよう慎め。（1：10-15）

　危険はそれだけではない。正しい道を歩む者の足をつまずかせようと、
あらゆる誘惑や罠などが機会を伺っているのだ。闇の道を歩もうとするこ
とは、確かにその人の人生における態度を表しているが、その道が命に至
ることはもうない。最後に待つのは死である。この恐ろしい結末については、
後に詳しく調べることにしよう。

　悪や闇の道の反対は、正しい道である。これは、真の意味での命に至る道である。父も、知恵の女も、この道に留まれと子に強く促している。呪われた行為を受け入れようとする息子を、彼らは脅し、警告し、報いを示す。しかし、それ以上に心を惹くのは、正しい道を歩む者には神が共にいてくださるという約束である。神ご自身が、あらゆる危険が降りかかってくる脅威から、子の歩む道を守ってくださるのである。

　　　まさしく、主が知恵を授け　主の口から知識と英知が出る。
　　　主は正しい人には良い考えを　完全な道を歩む人には盾を備える。
　　　裁きの道筋に従い　忠実な人の道を守るために。(2:6-8)

　まとめてみよう。箴言1-9章は、この世に二つの道があることを教えている。一つは命に至る正しい道、もう一つは死に至る誤った道である。子は命の道を歩んでいる。父と知恵は、子が見いだすだろう励ましに加え、彼がこの先出会うだろう危険について警告している。その両者については、すでに名指しして取り上げた。闇の道にあるのは、誘惑、罠、つまづき、敵である。一方、命の道にあるのは、神である。しかし、この道の途上で出会う最も重要な人物がいる。この人物は、箴言がなぜ、若い男に宛てられたものなのかを理解する鍵にもなる。それは、知恵の女と、闇の象徴の愚かな女である。次章ではまず、知恵の女に着目してみよう。

さらなる考察のために
1. なぜ「道」が人生のメタファーとしてふさわしいのか。

2.「道」というメタファーを用いて、あなたの人生を説明してみよう。

3. これまでの人生を振り返って、あなたの人生はおおよそまっすぐだったか、それとも曲がっていたか。その理由も述べよ。

4. あなたのこれから歩む道はどこに向かっているだろうか。

第3章

知恵の女と愚かな女―どちらを選ぶか？

WOMAN WISDOM OR FOLLY—
WHICH WILL IT BE?

　これまで見てきたように、命の道ではさまざまな人や選択肢に出くわす。しかし、それらの中でも、知恵の女との出会いほど影響の大きいものはない。読み手と親密な関係を持ちたいと願う女のメタファーは、前章で示したとおり、想定される読み手が男性であることを念頭に置くと、じつに強烈なインパクトを生み出す。

　私たちが最初に知恵の女と出くわすのは箴言1章20-33節だが、女が最も雄弁に語るのは8章である。この章は何世紀にも渡って多くの読み手たちの想像を掻き立ててきた。知恵の女の声を聴くことができるのは、箴言の中でもこの2箇所のみであるが、父は初めの9章全体を通して、知恵の女について息子に説明している。父の語りには、知恵をあくまでも抽象的な概念として話している部分と、「知恵の女」として説明している部分とがあり、その境界線はつねに明瞭ではない。とはいえ、双方は密接に絡み合っているため、それらを区別することは箴言の教えの解釈においてさほど重要ではない。

　初めの9章において、知恵の女は確かに目を引く存在だが、命の道で息子が出会う女はもう一人いる。知恵の女の正反対の存在、愚かな女である。じつは、愚かな女が語るのは箴言9章のただ一回のみで、父も彼女について長々と語らない。しかし彼女もまた、息子との関係を求めてアプローチする。箴言で展開されている事柄を見極めるためには、私たちは知恵の女

だけでなく愚かな女についても理解する必要がある（箴言にはこの他に、二人
の女が登場する。妻と「よその女」、または「異国の女」である。彼女らの暗示すると
ころについては本書11章で論じる）。

最大の出会い：誰と食卓を共にするか

　まず終わりから始めてみよう。つまり、箴言の冒頭部分の最後、9章で
ある。ここから読み始めるのは、この章で知恵の女と愚かな女について深
く探求する意義をしっかりと理解するためである。9章では、若い男とこ
の二人の女との最大の出会いを描きつつ、女たちを意図的に比較・対比さ
せている。この箇所は明らかに、男が二人のうちどちらかを選ばなければ
ならないことを示唆している。*1

　　知恵は自らの家を建て
　　七本の柱を刻んだ。
　　いけにえを屠り、ぶどう酒を調合し
　　さらに食卓を整え
　　若い娘たちを町の高き所に遣わして
　　呼びかけさせた。
　　「思慮なき者は誰でもこちらに来なさい。」
　　浅はかな者にはこう言った。
　　「来て私のパンを食べ
　　私が調合したぶどう酒を飲むがよい。
　　思慮のない業を捨て、生きよ。
　　分別の道を進み行け。」
　　私によって、あなたの日は増し
　　あなたの命の歳月は加わる。（9：1-6、11）

<hr/>

*1 ここで箴言9章7-12節を引用から外していることに注意。7-12節とその前後とのつながりについて、多くの神学者たちが議論を展開しているが、この箇所は後になって付け足されたものであり、他の箇所との関連性がないとの意見が大半である。ただし、R. Byargeonは、この見解に反して非常に意義深い説得力のある議論を提示しているので、参照すべきである。R. Byargeon, "The Structure and Significance of Prov. 9:7-12," *JETS* 40 (1997): pp.367-76.

愚かな女は騒々しい。
未熟で、何も知らない。
家の扉のところに座り
町の高き所にも席を取り
道行く人に呼びかける
自分の進路をまっすぐ進む人に。
「思慮なき者は誰でもこちらに来なさい。」
浅はかな者にはこう言った
「盗んだ水は甘く
隠れて食べるパンはうまい。」
そこに死者の霊がいることを
彼女に誘われた者が陰府の深みにいることを
知る者はない。(9:13-18)

　ここに記されているのは、命の道における最大の出会いである。道を歩く男の目の前に突如二人の女が現れ、それぞれが「町の高き所」から語りかける。それぞれがこの若い男を食事に、また自身との親しい関係に、招き入れようとするのである。この選択は、何百年も後にこれを読む私たちにも同じように突きつけられている。知恵の女を選ぶか、愚かな女を選ぶか。しかし、今ここで決断を下す前に、まず彼女らがどのような女で、何を私たちに語り、そして私たちの決断がどういう結果をもたらすのかについて探る必要がある。

知恵の女と愚かな女：その人物像
　初めて誰かと出会うとき、相手がどのような人物か知りたいと思うのは当然のことである。また、自分ではその人に会っていなくても、実際に会ったという人と話すと同じような興味が湧く。まず頭に思い浮かぶのは「この人はどういう人物なのだろう？」という疑問だろう。箴言の聴き手／読み手である若い男は、知恵の女と愚かな女という二人の女に出会う。二人は、男に少しだけ正体を明かす。彼女らは何を語り、どのように描写されてい

るだろうか？

　まずは、知恵の女から見てみよう。彼女は大胆である。巷、広場、城門の入口に現れ（1：20-21）、道沿いの高き所の頂や街道の四つ辻で声を上げる（8：1-2）。いずれも、群衆の集まる公の場所である。彼女は見知らぬ人を恐れない。後に明らかになるが、彼女はある重要なメッセージを人々に伝えているのだ。

　人が誰と付き合い、誰を避けるかを見ると、私たちはその人物像を知ることができる。知恵の女と密接に結び付くのは、公平（8：6）、まこと（8：7）、義なる態度（8：8）、熟慮（8：12）、そしてこれらは助言、洞察、分別、力（8：14-15）と共にある。反対に、不正、悪、高ぶり、高慢（8：7-8、13）などからはできる限り離れるという。これらのことから、知恵の女は単なる知的な存在ではなく、倫理的要素に深く関わる存在であることが分かる。

　特に興味深いのは、知恵の女が天地創造に果たした役割である。彼女は、あらゆる被造物よりも先に生み出されていたと宣言している（8：22-26）。彼女は神が天地を創造されるのを助け、神の傍らで腕を振るった（8：30）。神と共に被造物を楽しみ、中でも特に、人の子らを喜ばせたのである（8：30-31）。

　また、知恵の女は影の側面も併せ持つ。彼女は拒否されることを許さない。

　　だが呼びかけてもあなたがたは拒み
　　手を伸べても意に介さず
　　私の忠告にすべて知らぬ振りをし
　　私の懲らしめに応じなかった。
　　あなたがたが災いに遭うとき、私は笑い
　　恐怖に襲われるとき、私は嘲る。
　　恐怖が嵐のように襲うとき
　　災いがつむじ風のように起こり
　　苦難と困難があなたがたを襲うとき
　　その時に、彼らは私に呼びかけるが、私は答えない。（1：24-28）

　ただし、彼女を愛し従順である者に対しては、彼女は非常に大きな報い
を与えることが後に示される。

　しかし今は、いったん、愚かな女に目を向けたい。彼女について何が分
かるだろうか。じつは、愚かな女について私たちに明らかになっている情
報は驚くほど僅かで、その描写は9章13-18節に見られるのみである。彼
女は大胆である代わりに、騒々しい（箴9:13）。彼女は余計なことに首を突っ
込み、出しゃばる。彼女は無知で、さらに悪いことには、自分が無知であ
ることすら知らない。後に分かることであるが、愚かな女は、知恵の女と
あらゆる面で正反対の存在である。

二人の女は誰に語っているのか

　箴言9章を読むと、知恵の女と愚かな女は同じ聴衆に語りかけているこ
とが分かる。それは、命の道を歩む若い男たちである。言い換えれば、父
がそれまで語っているのと同じ相手に向けられている。ただ、知恵の女が
父の言葉を肯定する一方で、愚かな女はそれを否定しようとする。当然、
父は一貫して知恵の女が望ましい選択であることを強調しているのである。

　聴き手である若い男たちはさまざまな言葉で表現されている。知恵の女
にとって、彼らは思慮なき者（1:22、9:4）、嘲る者（1:22）、浅はかな者（同
9:4）、愚かな者（1:22、8:5）だという。しかしまた、彼らを「子ら」とも
呼んでいる（8:32）。彼らは命の道を歩む者であると同時に、町の門など公
の場所に群がる群衆でもあるのだ。

　興味深いことに、愚かな女も同じ聴き手に向かって語る。事実、二人の
女が初めに発する言葉——思慮なき者、良識のない者への呼びかけ—— は
箴言9章4節および16節に示されているように、まったく同じ言葉である。
彼女らが手招きする男たちは未熟でまだ成長過程にあり、したがって、こ
こで下す決断は彼らの命運を左右する。中には、知恵の女を拒む様子を見
せる者 ——思慮なき者、嘲る者、愚かな者——もいる。それでも知恵の女は、
なおも彼らを勝ち取ることを望み、アプローチし続けるのである。

　比喩を踏まえるなら、この二人の女が語りかける対象に、箴言を読む今
日の私たちも加えられていることに気付くはずである。したがって、この

書物を正しく読むためには、性別・年齢の違いにかかわらず、私たちは、皆この未熟な聴衆に自らを重ね合わせなければならない。そして、決断を下さなければならない――知恵の女に従うか、または愚かな女に従うか。

二人の女のメッセージとは

知恵の女と愚かな女の違いが最も顕著に現れているのは、彼女らのメッセージの内容に他ならない。両者とも「……こちらに来なさい」(9：4, 16)と親密な関係を求め、また両者とも食事を用意している。知恵の女の食卓は立派な家での豪華な晩餐である。

> 知恵は自らの家を建て
> 七本の柱を刻んだ。
> いけにえを屠り、ぶどう酒を調合し
> さらに食卓を整え (9：1-2)

対する愚かな女は、したたかに食卓を整えている。彼女もまた、聞く者に呼びかける。

> 「盗んだ水は甘く
> 隠れて食べるパンはうまい。」(9：17)

これらの箇所に、寓喩的意味合いはない。つまり、七本の柱やぶどう酒などに深い意味は隠されていない。しかしこれらは、全体としてのメタファーを展開させている。古代中近東の文化では、誰かと食卓を共にすることは、その人と親密な関係を築くことを意味した。二人の女はどちらも若い男と関係を持ちたいと望んでいる。彼が双方と関係を持つことは不可能なため、彼女らは我こそ注意を引こうと競い合っているのである。読者よ、あなたはどちらの女と食事を共にするだろうか。知恵の女か、または愚かな女か。

二人の女は果たして誰を指すのか

　聖書本文は、当然、文字どおりに知恵の女と愚かな女を描写しているわけではない。では、この女たちは誰を表しているのだろうか。その答えを得るヒントは、彼女たちの家の場所にある。

　知恵の女から見てみよう。彼女の家は「町の高き所」(9:3)に位置する。事実、ヘブライ語聖書ではこの家が町の最も高い場所にあるという点が強調されている。ここで私たちは、原典が書かれた当時の世界へタイムトリップする必要がある。そうすると、町の高き所に位置する建物とは、神殿であることが分かる。これは古代中近東地域に共通して見られる事実である。まるでパンケーキのように平らな土地に住むメソポタミア人でさえ、神々が宿るとされるジグラット[ピラミッド型の神殿]や階段ピラミッドを建設するために人工の山を造っていた。カナンでは、バアルはツァフォンの山に住むとされていた。イスラエルにおいても、神はシナイ山に現れ、ご自身の地上の家、つまり神殿を、シナイ山の上に建てるように民に命じられたのである。[*2]

　家の建てられた場所から、ここでの知恵の女が神を象徴していることが分かる。彼女は神の知恵の詩的な擬人化であり、神ご自身全体の一部分として表現されている(提喩)。したがって、知恵の女というメタファーは、勇士、羊飼い、父、夫、王、など、神と民の関係を表す数多い他のメタファーと同じリストに属しているのだ。これらの言葉は神性にさまざまな面があることを指摘している。つまり、神を戦士や王に限定することはできないし、羊飼い、父、そして当然、知恵の女にも限定することはできない。これらはあくまで、神が民にとってどのようなお方であるかを明確に示すための表現方法である。

　愚かな女も同様に、その家を町の高い所に設けている。道行く男たちに呼びかける彼女は、「家の扉のところに座り 町の高き所にも席を取」っている。この女もまた、女という姿をまとって他の何かを表しているのだ。それは、真実の神ではなく、偶像である。イスラエルを主(ヤハウェ)から

[*2] Tremper Longman III, *Immanuel in Our Place: Seeing Christ in Israel's Worship* (Phillipsburg, N.J.: P & R, 2001)参照。

引き離そうと誘惑する偽りの神々や女神たちである。

　私たちは、愚かな女が具体的にどの神々を表しているのかという点までは特定できない。エジプトやメソポタミアの神々である可能性もある。しかし、少なくとも旧約聖書の歴史文書や預言書の証言によれば、古代中近東のあらゆる神々の中でも、カナンの神々・女神たちほど魅力的な偶像はなかったようである。最も代表的なものとして、アシェラとその夫であるバアルがあった。

　イスラエルの民が約束の地に入ったとき、彼らはそこの住民がこの二つの神々を崇めているのを見た。ヨシュア記と士師記には、イスラエルの民がカナン人たちを追放した物語が記されている。しかし、イスラエルの民は、初めの段階から、バアルやアシェラ、その他カナンの神々を知るようになり、それらに魅了されていた。そもそも、古代中近東における神学では、神々は領土に根ざした存在だと考えるのが当然だったことから、イスラエル人の中には、新しい土地に入る以上、その土地の神々や女神たちをなだめる必要があると考えた者もいただろう。それだけでなく、イスラエルの民の存続は土地の豊穣が必須である中、バアルの神は豊穣の神であった。豊穣の神とはつまり、バアルが雨露をもたらす影の権力として存在していたことを指す。雨量が予測不可能である当時の状況では、飢饉はつねに現実的に起こりうることであった。日照りが起こってしまえば、バアルに懇願して雨を乞いたくなる誘惑はかなり強かっただろう。

選択

　箴言1-9章は、読者に選択を迫る力が徐々に強められ、決断しなければ先へ進めないかのようである。知恵の女と愚かな女、あなたはどちらの女と食事をするのだろうか。今や私たちはこの選択がじつは主なる神（ヤハウェ）か諸国の神々かの、二択であることを知る。[*3]

　このじつに意味深い比喩表現をより良く理解するために、私たちは、誰

---

*3 このような結論に対しては、神学者たちの間でいまだ議論が交わされている。知恵の女がヤハウェの知恵を表すことは概ね認められているが、もう一歩踏みこんで、知恵の女がヤハウェご自身を表すという解釈については、ためらいが見られる。しかし、そのような否定的意見では、知恵の女の家の場所および愚かな女の家の場所に関する点が考慮されていない。

かと食事を共にすることは、深い親密な関係に入ることを意味するという古代中近東の考えについて、もう一歩掘り下げて学ぶ必要がある。実際、女が若い男を晩餐に誘うというだけで、そこにある程度の官能的な含みがあるのは確かである。若い男は、どちらの女と深い親密な関係を持つのか。箴言は、この決断が、文字どおり生死を分ける決断であるということを明確に示している。

　例えば、愚かな女について見てみよう。彼女の食事は魅力的であるが、前の客の結末はどうなっただろうか。「彼女に誘われた者が陰府の深みにいる」（箴9：18）と記されているとおりである。アシェラとバアルは、実り豊かな土地と実り豊かな母胎（多産）を約束し、それらはどちらも民たちの望みであった。しかし、偽りの神を礼拝することで命を得られると信じたイスラエルの民は、命の代わりに死を見いだした。これは、列王記上・下のエリヤの教え、およびエレミヤの警告の言葉に記されているとおりである。

　エリヤの時代は、北イスラエル王国のアハブ王が王座に着いた時代である。彼はイゼベルという外国の王女と結婚した。イゼベルの父はシドン人の王エトバアルであり、彼らはバアルを礼拝する民であった。アハブ王はバアルに仕え始め（王上16：31）、イゼベルは熱心なバアル伝道者であった。多くのイスラエル人は、ヤハウェだけを崇める礼拝から離れ、命の雨を乞い願いながらこの異国の神にいけにえを捧げた。しかし、雨を降らせる権限はバアルにはなかった。それは当然、ヤハウェのみが持つ力である。民たちの不信仰に対して、神はエリヤを立たせ、ご自身の言葉をイスラエル人に語らせた。「私が言葉を発しないかぎり、この数年の間、露も降りず、雨も降らないであろう」（王上17：1）。バアルへの礼拝は、命と実りの代わりに、死をもたらしたのである。

　預言者エレミヤは、南のユダ王国がバビロン捕囚の危機にあったときに立てられた預言者である。エレミヤは、ユダ王国の罪を正面から責め立てるために、彼らのバアル崇拝を偶像礼拝になぞらえて語った。次の箇所は、命のない神に従い続けた結果についてエレミヤが語った言葉である。

　目を上げて不毛の丘を見よ。
　あなたが男と寝なかった所があるだろうか。
　荒れ野でアラビア人が座っているように
　あなたは道端に座って彼らを待つ。
　淫行と悪行によってあなたはこの地を汚した。
　それで夕立はとどめられ
　春の雨も降らなかった。
　それでも、あなたは遊女の額を持ち
　少しも恥じようとしない。(エレ 3：2-3)

　愚かな女に従う（つまりバアルを礼拝する）ことは、一見魅力的に感じられ
ても、行き着くところは死である。これについて疑う余地はない。日照り
という死（春の雨が降らなかった結果）があり、ついには、バビロニア軍とい
う死の力がエルサレムを打ち滅ぼし、生き残ったものは捕囚の民となった
（その苦悩の言葉は哀歌に記されている）。
　しかし、知恵の女と食事を共にするなら、命を得る。彼女の言葉に背く
なら死がその人を待ち、従えば平和が待っていると、彼女自身の口から警
告の言葉が述べられている。

　「思慮なき者の背きは自らを殺し
　愚かな者の安らぎは自らを滅ぼす。
　私に聞き従う人は安らかに暮らし
　災いを恐れず、安心して過ごす。」(箴 1：32-33)

　父は息子に対して、知恵の女と親密になるなら豊かな報いを受けると語っ
ている。

　知恵の右の手には長寿
　左の手には富と誉れがある。
　知恵の道は友愛の道

その旅路はいずれも平安。

知恵は、それをつかむ人にとって命の木。

知恵を保つ人は幸いである。（3:16-18）

　この書物の読み手である男が知恵の女と深く親密な関係になるとき、そこに性的なニュアンスがあることに注目したい。つまり男は、知恵というものが、人生になくてはならない不可欠なものだと決めたのである。その結果とは、創世記2章の、エデンの園にある命の木から取って食べるようなものだという。

人生の岐路

　箴言を読む人は誰でも——女性でも年配の男性でも——この若い男と同じ立場に置かれている自分に気付くのではないだろうか。知恵の女を抱くか、愚かな女を抱くか。その選択に、私たちも直面しているのだ。そしてその問いかけは、残りの箴言において、つねに背後に存在する影のように、じつに深い神学的意義を生み出している。

さらなる考察のために

1. なぜ、知恵や愚かさは男ではなく女に例えられているのか？

2. あなたの人生を振り返ってみよう。今まで通過してきた人生の分岐点の中で、現在に大きく影響していると思える三、四つの決断を挙げよ。

3. 前の質問で、あなたが人生において重要だったと考えた決断は、知恵の女に従ったものだろうか、あるいは愚かな女に従ったものだろうか？

4. あなたが人生において、今、直面している分岐点は何か？　その分岐点において、知恵の女に従うことは何を意味するだろうか？

参考文献

Bostrom, Lennart. *The God of the Sages: The Portrayal of God in the Book of Proverbs*. Stockholm: Almqvist & Wiksell International,1990.

Childs, Brevard S. "Proverbs." In *Introduction to the Old Testament as Scripture*. Philadelphia: Fortress,1979.

Dillard, Raymond B., and Tremper Longman III."Proverbs." In *An Introduction to the Old Testament*. Grand Rapids, Mich.: Zondervan,1994.

第4章

『箴言』の真意とは？
──その目的は？

WHAT EXACTLY IS A PROVERB ─
AND HOW DOES IT WORK?

　ここまで私たちは、箴言の冒頭9章に焦点を当ててきた。この長い談話は書物全体の導入として、また第二部への解釈的な案内としての役割を果たしている。短い格言が並ぶ第二部は、その大半が、一見不規則に構成されているように見える。このような格言やことわざは多くの場合、総称として"箴言"と呼ばれ、それらを集めた本もまた同じ名で呼ばれる。聖書に含まれる箴言について考えるときも、箴言や格言集という文学的ジャンルがまず頭に浮かぶだろう。ここから数章にわたって、箴言の第2部の内容とその解釈の仕方についてじっくりと探っていきたい。ここまでの1-3章で議論の準備が整ったが、私たちはここで、聖書の箴言の主軸となる二つのセクションとその関係性についても見落とすわけにはいかない。特に、今から取り上げる"箴言"に秘められた深い神学的な意味合いを忘れてはならない。

箴言とは何か

　箴言や格言と訳されるヘブライ語の言葉（*masal*、マーシャール）は、さまざまな類の文学に幅広く適用される。しかし本章では、箴言 10-31 章に集められた格言を指す用語として、"箴言"を用いることにする。これらは特

別な種類の格言であるが、その中にもさまざまなバリエーションがあることについては後に検討することにして、まずは以下の 10 章 19 節を見てみよう。

言葉数が多いときには背きを避けられず
唇を制すれば悟りを得る。

Too much talk leads to sin.
Be sensible and keep your mouth shut. (NLT)

　まず私たちは、この格言の短さに胸を突かれるような印象を受ける。箴言は言葉を一切無駄にしない。箴言は詩文体で書かれており、一般的に詩文は、簡潔な言語である。すなわち、非常に少ない言葉で多くを語るのが詩文である。この章で後に、箴言の詩的性質についても詳しく議論するが、ここではこの格言の短さに注目したい。英語の New Living Translation［以下、NLT。邦訳ではリビングバイブル］では、この箴言の簡素さが失われないよううまく訳されている（ヘブライ語で 8 語のところを、英語では 13 語で訳している）。翻訳とは時に、より多くの言葉を使って統一性や明確さを補うことがある。例えば、New International Version［以下、NIV］はさらに長い。

When words are many, sin is not absent,
But he who holds his tongue is wise. (NIV)
（ことば数が多いところには、背きがつきもの。
自分の唇を制する者は賢い人。新改訳 2017）

　このように、箴言および一般的な詩文体は、その真理を極力簡素な形に収める。コンパクトな文体の中に多くの意味合いが込められているのである。これは読み手に、ペースを落として言葉の意味を熟考せよとの合図（シグナル）を送っていると言えるだろう。この熟考の仕方については、少し後に論じようと思う。
　では、あらゆる詩文体の中で、箴言の持つ特徴とは何だろうか。その答

えには、当然、文学的形式以上の要素が絡んでくる。箴言とは、ある事柄に対する洞察、見解、助言など、幅広く受け入れられる一般的真理である。まさに普遍的に受け入れられる真理であるから、そのまま引用して会話を終えることもできる。

ただし、条件がある。箴言が真理として通用するのは、それがふさわしい場面に適用される場合のみである。次章でも、箴言が本来、普遍的真理として意図されているのではないことについて議論を深めるが、この点については、現代の箴言(格言やことわざ)にも充分見られることではないだろうか。例えば、このような言い回しがある――「He who hesitates is lost ――ためらう者は敗れる(善は急げ)」。この言葉が真理となる状況を私たちはいくらでも思い浮かべることができるし、相手に伝える場合は、ある種の緊迫感を含めて伝えるだろう。しかし、この箴言と真逆の言葉を聞かせなければならないこともあるはずだ。「Look before you leap――転ばぬ先の杖(石橋を叩いて渡る)」、「Haste makes wastes――急がば回れ(急いては事をし損じる)」などである。これらの箴言も、同様に真理である。ただし、いずれも正しい人、正しい状況に適用されることが条件である。

これらの英語の例を見ると、翻訳されたものを読む私たちが見落としがちな、箴言のもう一つの側面が浮き彫りになる。この側面は、詩文体全般に共通している。例えば「Look before you leap」の頭韻("l"の音の連続)や、「Haste makes wastes」のリズミカルな韻の用い方に着目すると、箴言は単なる短い言い回しでないことに気付く。それはまるで、詩的な装飾に満ちた小さな宝石のような言語表現なのである。

以上を念頭に置いて、ここからは箴言の詩的側面についてさまざまな角度から学んでみよう。初めに並行法について、次に比喩表現、そしてその他の詩的技法へと進む。この過程は、箴言の作者の意図するところをより良く理解し、箴言を余すところなく味わうための助けとなるだろう。

並行法

王の喜びは正しい唇。
王は誠実に語る人を愛する。(箴16:13)

　旧約聖書に見られる詩文体の多くは、並行法の構成になっている。並行法とは、一つの詩行の中の句間に生じる対応関係のことである。前述の箴言にも、前半と後半、または行間に、互いに響き合う並行法が用いられているのが分かる。(専門的には、二つ以上の並行する文または一つの文を詩句［英語では一つの詩句は colon、二つ以上の詩句は cola。］と呼ぶ。本文の説明でもこれらの用語を拝借することとする)。大まかではあるが、字義どおりの訳文ならさらに対句が分かりやすいかもしれない。

　　王が喜ぶのは正しい唇。
　　彼が愛するのは真っ直ぐな言葉。(16:13)［著者による訳を邦訳］

　「愛する」という動詞は「喜ぶ」に対応し、目的語の「正しい唇」は「真っ直ぐな言葉」に対応している。明白に主語だと分かる「王」は繰り返されていないが、二行目の動詞の前にくるのがそれと解釈することができる。
　では対応(並行)する句はどのように読むべきか。[1] ここでの例文が示すように、並行している二つの詩句の関係性は単なる反復ではない。つまり、ただ「同じことを二回言っている」だけではないのだ。これは、並行法でよく誤解される点である。実際は、一文目の内容を二文目がさらに焦点を絞り、強めている。これは、すべての並行法に当てはまる一般原則である。ジェームス・クーゲル(並行法の権威ある研究者)によると、並行する二つの詩句(それぞれをA、Bとする)の関係性はこのように述べられる：「A、さらに言うと B」。[2] ここでBはAの視点をリピートするだけでなく、Aに何かを付け加え、さらに焦点を絞って説明している。
　箴言16章13節をもう一度見てみよう。一文目で、王が喜ぶのは正しい言葉だと述べている。そこで二文目は、あらゆる正しい言葉の中から一つの形、つまり誠実な言葉に、範囲を狭めているのである。ここは、二つ目の詩句で焦点を絞る技法が用いられている。この技法はさまざまな形で表

*1 ここに記すよりもさらに詳しい説明は、私の前著を参照のこと。*How to Read the Psalms* (Downers Grove, Ill.: InterVarsity Press, 1988), pp.95-110.
*2 以下を参照。James Kugel, *The Idea of Biblical Poetry: Parallelism and Its History* (New Haven, Conn.: Yale University Press, 1981); Robert Alter, *The Art of Biblical Poetry* (New York: Basic Books, 1985).

される。16章15章にはこう記されている。

> 王の顔の光には命があり
> 王の厚意は春の雨をもたらす雲のよう。

　ここでも、対応し合う句を用いているのがすぐ分かる。どちらの詩句も王の厚意の影響を述べているが、二つ目の詩句は一つ目のそれの内容を強める描写を加えている。これもまた、違った方法で焦点を絞る技法である。絵画的な描写は、比喩を用いない表現よりさらに鮮やかさを増し加える。この後のセクションで、この点についてより詳しく見ていこうと思う。

　箴言の詩文、また聖書の他の箇所を読むときに、私たちが並行法を理解しておく意味合いは何か。それは他でもなく、ゆっくりと吟味して読むことである。そのように読むとき、「対句の後半部分は、前半部分の提示する内容にどう関係しているか」と自問してみる必要がある。少なくとも、このようなステップを踏むことが、言葉の意味を深く掘り下げて考えるきっかけになるはずである。私たちはつい、ざっと流し読みをしてしまう傾向があるが、詩文のような凝縮された文章を読む場合は特に、その方法はうまくいかない。

　10-31章の箴言には前述の例に大方似通った並行法が見られるが、中には、典型的な二文構成よりも長い並行法の例もあることをここで示しておくべきかもしれない。箴言25章4-5節は、密接な相互関係にある4つの詩句によって構成されている。

> 銀から金滓（かなかす）を取り除け。
> そうすれば、細工師は器を作ることができる。
> 王の前から悪しき者を取り除け。
> そうすれば、王座は正義によって確かなものとなる。

　この例は、四行詩なのか、二行詩なのかは、当然考察すべき点である。しかしそれよりも重要なのは、この四つの文がすべて相互に関わり合って

いるということ、さらには、後半二つの詩句が示す悪しき者に関する教え
を、前半二つの詩句が金属学に基づく比喩を用いて説明していることであ
る。「取り除け」という動詞の連続が、この並行法の特徴を示す目印となっ
ている。宮廷で働く賢い者は義なる治世のために、王の身辺に影響する悪
しき者を取り除かなければならない。そして、この"政治的"対策は、銀
から鉛などの不純物を取り除いて純粋な銀（スターリング銀）を精製するよう
に成されるべきなのである。

　この箴言はおそらく、王の治める裁きの場で、王宮に仕える若者に対し
て語られたものだろう。では、国王のいない現代の社会でこの箴言は、何
の意味も持たず、私たちに無関係ということになるだろうか？　もちろん、
そんなことはない。他の組織、例えば企業などについても、当然同じ原則
が当てはまるのである。

反対語を用いる並行法

　並行法についての議論を終える前に、箴言に集中して見られる特徴的な、
ある並行法についても触れておくべきだろう。同じ真理を正反対の視点
から比較する並行法で、これを反語的並行法と呼ぶ。これは類似点の代わ
りに正反対の点が並行する技法である。このような文章構成は聖書の他の
箇所でも見られるが、箴言の他にこれほど頻繁に用いる書物はなく、特に
10-15章に集中している。[*3]

　　知恵ある女は自ら家を建てる。
　　無知な女は自らの手でそれを壊す。
　　まっすぐ歩む人は主を畏れる。
　　曲がった道を歩む者は主を侮る。
　　無知な者の口には高ぶりの芽。
　　知恵ある人の唇は自分を守る。
　　真実の証人は虚偽を語らない。

---

*3 以下を参照。Raymond Van Leeuwen, "Proverbs," *in A Complete Literary Guide to the Bible*, ed. Leland Ryken and Tremper Longman III (Grand Rapids, Mich.: Zondervan, 1993), p.261.

虚偽を吐く者は偽りの証人。（14：1-3、5）

　これらの並行し合う詩句をそれぞれ見てみると、すべて正反対の視点から同じ真実を述べていることが分かる。いずれもじつにシンプルな見解であるが、どちらの生き方が奨励されているかは一目瞭然である。それどころか、命じられている印象さえ受ける。三例目の並行文に至っては、高ぶりの芽か、守られるかの二択だが、どちらを選ぶべきかは言うまでもない。ここで暗に示されているのは、愚か者の高慢な語りから身を引け、という警告である。

　このような反語的並行法が箴言で頻繁に使われているのはなぜだろうか。すでに確認してきたように、箴言の目的は人生における根本的な選択、つまり知恵か愚かさの選択を読者に提示し、決断を迫ることである。そのうえで反語的並行法は、両者の違いを具体的に示すのに効果的な技法であることが分かる。知恵は建設的で、主に対する畏れを抱かせ、高ぶりの言葉を避け、偽りを言わない。一方で、愚かさは、破壊的で、主を侮り、自慢し、偽りを語る。反語的並行法は、箴言全体の世界観とメッセージを支える土台となっているのである。

「〜にまさる」の箴言
　箴言で、知恵と愚かさという人生の選択肢に光を当てる他の技法に、「〜にまさる」の並行法がある。

　　主を畏れる者のささやかな持ち物は
　　心配しながら持つ多くの宝にまさる。
　　野菜を食べて愛し合うのは
　　肥えた牛を食べて憎み合うことにまさる。（15：16-17）

　ヘブライ語では、前の詩句に並行する文がいずれも「〜にまさる」で始まっている［日本語の場合は文末］。翻訳されると語順が異なってしまうが、それでも「〜にまさる」の並行法が二つの物事を比較提示していることが確

認できる。ここで比較されているのは、物質的な所有物と人間関係の質である。16節は、主と、そして身近な人と良い関係にあることが、多くの宝にまさると述べている。17節ではそれがさらに具体的になり、愛し合う者たちと粗末な食事を囲むほうが、憎み合う者たちと豪勢な食事を囲むより良い、と述べている。

　ここで紹介したいくつかの並行法は、箴言で頻繁に用いられ、箴言のメッセージ全体をのぞく小窓のような役割を果たしている。さらに他の用法として「A、さらに言うとB」の構成があるが、これは至って分かりやすいので説明は省く。

比喩

　詩文は比喩が豊富である。*⁴ 箴言もまた例外ではない。命の道で知恵の女に出会うことは、箴言全体に及ぶ壮大な比喩表現であることは、すでに学んだとおりである。しかし、ここでは単純に、頻繁に比喩が登場することに注目したい。

　そもそも、比喩（または象徴）とは何か。比喩とは、似ていない二つのものを対比させる表現方法である。一方は良く知っているもの、いわば日常生活のありふれたものを提示し、もう一方で、あまりなじみのないものを引き合いに出す。この対比は、後者のなじみのないものを彩飾するためのものである。これにより、双方の相違点が読み手の注意を引き、新しい観点で物事を見ることができる。これが対比の与えるインパクトである。では、詩篇によく見られる比喩を見てみよう。

　　　主は私の羊飼い。

　　　私は乏しいことがない。（詩23：1）

　詩篇23篇の世界において、羊飼いはなじみのある存在であった。したがっ

---

*4 Leland Rykenによる比喩と象徴（symbolism）についての説明が非常に役立った。Ryken, James C. Wilhoit and Tremper Longman III, eds., *Dictionary of Biblical Imagery* (Downers Grove, Ill.: InterVersity Press, 1998), pp. xiii-xiv. ただし、本書では比喩をsymbolismと同義語として扱うが、Raykenの意図するsymbolismはそれと異なる。彼は（私もそうであるが）symbolismをメタファー・直喩と同義語として扱っている。

て、羊飼いと主を対比させるこの表現は、主がどのようなお方であるか、そして羊飼いの羊である私たちに、何をしてくださるのかについて例証しているのである。よくよく考えると、この対比の与えるインパクトはかなり強烈である。一体どうしたら全宇宙の神である主を、身近に住む気難しくて臭い羊飼いなどと比較することができようか？*5 しかし、詩篇は続けてこの二者の隠された共通点を追求していく――これこそ、比喩の力の一つである。いかにしてXがYになり得るか？ 比喩は読み手に、その意図するところを探り当てるよう呼びかけるのである。

　今となっては、主を羊飼いに例えることはすっかりなじみ深い表現になってしまい、多くの人にとって、本来のインパクトがかなり失われているかもしれない。もしあなたもそうだとしたら、次は詩篇78篇65節を見てみるべきだろう。

　　わが主は眠っていた者のように
　　酒に酔っていた勇士のように目覚め

　この箇所は、今も相当なインパクトを持っているのではないだろうか。主が酔っ払いに例えられているのである。この比喩は私たちの注意を引くだけでなく、おのずと双方の違いの中から共通点を探し出させる効果がある。

　箴言において、私たちはすでに知恵の女という存在が主を表す比喩であるという衝撃を経験した。では、より身近な比喩表現を箴言10章26節から見てみよう。

　　歯にとっての酢、目にとっての煙は
　　使いに出した者にとっての怠け者の使い。

　　As vinegar to the teeth and smoke to the eyes,
　　So is a sluggard to those who send him. (NIV)

---

*5 旧約聖書の時代においても、この比喩表現は頻繁に使われていたと考えることもできる。しかしその事実があろうとも、衝撃値の高い比喩によって読み手の注意を引くという私の見解を否定することにはならない。

　煙が目に入ったことがあるだろうか？ ほとんどの読者は経験したことがあるだろう。酢を口に含めて舌の上で味わったことのある人は、もしかして少ないかもしれない。しかしこの比喩は、そのような経験と、怠け者を宣教に遣わすこととを対比させ、実質的には怠け者を私たちと重ね合わせているのである。

　では、目に煙が入った状態をどう表現すべきだろうか。私なら、うっとうしい、イライラする、痛い、などといった言葉を当てはめるだろう。歯に酢はどうか。これは、古代の酢がどのような味だったか知っていたとしても、表現するのは難しい。おそらく、煙が目に入った場合と同じような苦痛を味わうといった言葉になるだろう。これらの表現は、怠け者を遣わすことが、いかに落胆をもたらすことであるかという強い印象を与えると同時に、その怠け者が自分自身であるという、さらなる衝撃の反動を起こすのである。この箴言の言葉は、浅はかな者や怠け者への警告と、賢い人は彼らを雇わぬように、との注意である。

　すでに示した訳は（P. 47）箴言を理解するため、字義どおりに近い NIV を用いた。ここで、より対比が分かりやすいように NLT の翻訳例を示したい。

　　Lazy people irritate their employers,
　　Like vinegar to the teeth or smoke in the eyes. (NLT)

　　煙が目にしみ、酢で歯が不快になるように、
　　怠け者は雇い主の悩みの種です。（リビングバイブル）

比喩の最後の例として、11 章 22 節を読んでみよう。

　　豚の鼻に金の輪
　　美しいが聡明さに欠ける女。

これは注意を引く箇所だ。むしろ耳を疑うほどではないだろうか。意味としては、聡明さに欠ける女は、その美しさも台無しになるということで

ある。この箴言は私たちにとって、身体的な美しさよりも聡明さのほうが格段に重要な資質だと気付かせる。したがって、私たちは聡明である術を学ぶべきであり、同時に聡明でない者を避けるべきである。

その他の言語表現の工夫

ヘブライ語の詩文の三大要素を挙げるとすれば、並行法と比喩に続き、短さ（簡潔さ）がくるだろう。古代の詩人たちは他にも工夫を凝らしてより魅力的な文章を追求したが、*6 その種類はあまりに多すぎる。箴言で使われている用法をすべて系統的に網羅するのは、ほぼ意味をなさないと考えられる。どちらにしろ、翻訳されたものを読む以上、そのような言語表現の工夫は見えなくなってしまうことが多い。またそれらは、意味を興味深くしたり注意を引きつけたりするだけで、内容の理解にはさほど影響を与えない、というのが事実である。

例えば、折句（アクロスティック／いろは歌）などもその一例である。基本的に、折句とは、一行ごとが連続した文字で始まる詩文のことである。箴言の場合、ヘブライ語アルファベットの 22 文字が用いられている。この用法の目的は、暗唱しやすくするため、あるいは A から Z まで内容があることをあらかじめ示唆するためのいずれか、またはその両方である。箴言では、有能な妻の詩（箴 31：10-31）に折句が用いられている。この詩文は、本書の 11 章でその内容を詳しく学ぶが、完全な折句として構成されており、各節がヘブライ語アルファベットで順に始まっている。この構成の活用例は他にもあり、最も有名なものとしては詩篇 119 篇が挙げられる。そこでは、句頭が同じアルファベットで始まる 8 節を一つのかたまりとし、次に続く 8 節の句頭に次の同じアルファベットがつく、といった構成になっている。

他に箴言に見られる副次的な詩的表現に、頭韻法がある。詩文の一部で韻を踏む音遊びで、その内容の意味を強調する。有能な妻の折句のベート（betュ）の一節（箴 31：11）には、ベートの文字が集中して使われている。

---

*6 ヘブライ語の詩文についての非常に優れた資料として、以下を参照。Wilfred G. E. Watson, *Classical Hebrew Poetry* (Sheffield, U. K.: JSOT Press, 1984).

בְּטַח בָּהּ לֵב בַּעְלָהּ וְשָׁלָל לֹא יֶחְסָר׃

Betah bah leb ba'lah wesalal lo'yehsar.

夫は心から彼女を信頼し、儲けに不足することはない。

　箴言に見られる副次的詩的表現の最後の例は、数の並行法である。これは、X—X+1 のパターンで構成されるもので、箴言 30 章 18-19 節に見られる。

　　私にとって、驚くべきことが三つ
　　いや四つのことに納得できない。
　　天にある鷲の道
　　岩の上の蛇の道
　　海の中の船の道
　　そしておとめと共にいる男の道。

　このような表現方法が示すのは、ある現象に数多くの事例がある中で、ほんのいくつかを例として挙げているということである（ここでの「現象」とは、痕跡を残さない謎めいた動きがあることである。四つ目の例は性交に至るまでの様子を言及している）。箴言では、初めの言葉（三つ、いや四つある）に続く例は、たいてい 2 番目の数（四つ）、つまり大きい数と同じだけ挙げられる。

さらなる考察のために

1. 箴言 21 章 14 節と 14 章 20 節を例として、そこに用いられている箴言の表現方法を定義し、説明せよ。

2. 箴言の表現方法を知ることは、箴言のメッセージを伝えるうえでどのような利点があるだろうか？

3. 箴言 21 章 14 節と 14 章 20 節の並行法を説明せよ。

4．箴言14章27節と16章24節の比喩をどのように解釈するか？

参考文献

Alter, Robert. *The Art of Biblical Poetry*. New York: Basic Books, 1985.

Kugel, James. *The Idea of Biblical Poetry: Parallelism and Its History*. New Haven, Conn.: Yale University Press, 1981.

Longman, Tremper, III. *How to Read the Psalms*. Downers Grove, Ill.: InterVarsity Press, 1988.

Ryken, Leland, James Wilhoit and Tremper Longman III., eds. *Dictionary of Biblical Imagery*. Downers Grove, Ill.: InterVarsity Press, 1998.

Watson, Wilfred G. E. *Classical Hebrew Poetry*. Sheffield, U.K.: JSOT Press, 1984.

第5章

『箴言』はいかなる場合も真実か？
ARE PROVERBS
ALWAYS TRUE?

　箴言後半は人生のアドバイス（助言）が並ぶが、10章1節はその初めの節である。

　　知恵ある子は父を喜ばせ
　　愚かな子は母の悲しみとなる。

　この箴言に注意深く、正直に向き合うなら、この考えは「真実」なのかと疑問を抱くようになるだろう。果たして、知恵のある子は本当に両親を喜ばせるのだろうか？　その逆もまた然りなのか？　誰もがこの主張を疑いたくなるケースを思い浮かべることができる。暴力的でアルコール依存症の父親や、自分のことに手一杯で育児放棄をした母親ならどうか。親子の立場を変えることはできず、その権威の差ゆえ、たとえ子どもを顧みない破壊的な衝動を持つ親であっても、子どもは両親を喜ばせなければならないのか？　もちろんそうではない。

　ここでの父親と母親は、彼らもまた知恵ある者であることが明らかに前提となっている。彼らは子どもの幸せを願い、知恵に富むことを望んでいる。この箴言は、絶対的な法律を訴えているのではなく、一般的に真実と言える、時宜にかなった原理を差し出している。

箴言というジャンル

そもそも箴言を、いつ、どのような状況においても真実であるかのように読むことは、重大な過ちである。私たちはこれを、ジャンル誤認と呼ぶ。箴言のようなジャンルは、どのような文化背景であろうと、必ずふさわしい状況に当てはめなければ的確な適用を得ることはできない。

私の祖母は、まさに知恵の泉のような人で、しばしば箴言のような言葉を語っていた。ある年、感謝祭のために七面鳥の丸焼きを調理していた祖母は、私の母と叔母にこう言った。「料理人が多いとスープがまずくなる」。つまり彼女は、「一人にしてちょうだい。台所は狭いのだから、あなたがたが居ると邪魔なのよ。私は、私のやりたいように七面鳥を焼きたいわ」と言いたかったのだ。しかし、食事の後、皆が満腹で眠くなり、なかなか動き出せずにいると、祖母は私たちを見てこう言い放ったものだ。「手が多いと仕事は楽になる」。今度は、テーブルを片付け、皿や鍋やフライパンを洗って拭き、棚にしまう作業に、私たち全員が参加すべき時が来たのである。*1

矛盾？

1世紀のユダヤ人聖書学者たちが、どの書物を聖書の正典とみなすべきかについて交わした議論を記録した文書がある。具体的に言うと、ある5つの書物について、なぜこれらが他の権威ある正典と共に聖書に組み込まれるのかと疑問を呈する学者がいたのだ。その一つが、箴言であった。彼らの論争は、1世紀という比較的初期の時代においてさえ（初めに聖書が書物となったのは何世紀も後であるが）、箴言を律法として取り扱い始めた人がいたことを示している。

議論は特に、26章4–5節に集中していた。

> 愚かな者にはその無知に合わせて受け答えをするな
> あなたがその人に似た者とならないために。
> 愚かな者にはその無知に合わせて受け答えせよ。

*1 この論点において重要な議論がなされている例として、次の文献を参照のこと。Barbara Kirshenblatt-Gimblett, "Toward a Theory of Proverb Meaning," *Proverbium 22* (1973): 823、およびCarole Fontaine, *Traditional Sayings in the Old Testament* (Sheffield, U. K.: Almond, 1982), p.50.

その人が自分を知恵ある者と思い込まないために。

　数人のラビ（教師）は、この二つの箴言は矛盾していると考えた。神は矛盾のないお方であるから、この箇所は箴言という書物全体が正典に認められない根拠である、と主張したのである。幸いなことに、この考えは優勢でなかった。箴言はすでに権威ある書物として当時のユダヤ人コミュニティーの大半の人々に受け入れられていたため、数人の懐疑的な意見に動かされることはなかったのだ。

　実際、この二つの箴言は、それぞれを意図されたとおりに正しく読むと、どちらも真実である。そして、その意図とは、単純にこれらが箴言であるという事実に他ならない。箴言は普遍的な妥当性を持つ文章ではない。箴言の妥当性は、時宜に適うことにかかっているのである。

時宜にかなった

　賢い人は、時宜に適った箴言を知っている。事実、箴言自体がこの読み方を教えている。

> 人は口から出る答えによって喜びを得る。
> 時宜に適った言葉のなんとすばらしいことか！（箴15：23）

　賢い人は、時宜に適った言葉を知っている。また、その表現する原理を時宜に適って適用する術を知っているのだ。もう一人の賢い人として、教師、または伝道者と呼ばれるコヘレトもまた、この「時」について語っている。

> 天の下では、すべてに時機があり
> すべての出来事に時がある。
> 生まれるに時があり、死ぬに時がある。
> 植えるに時があり、抜くに時がある。
> 殺すに時があり、癒やすに時がある。

壊すに時があり、建てるに時がある。

泣くに時があり、笑うに時がある。

嘆くに時があり、踊るに時がある。

石を投げるに時があり、石を集めるに時がある。

抱くに時があり、ほどくに時がある。

求めるに時があり、失うに時がある。

保つに時があり、放つに時がある。

裂くに時があり、縫うに時がある。

黙すに時があり、語るに時がある。

愛するに時があり、憎むに時がある。

戦いの時があり、平和の時がある。（コヘ 3：1-8）

　後の章でコヘレトの言葉をもう一度開き、コヘレトがこの真理について困惑させるようなことを言っていることを学ぶ。しかし、現時点では、当時のイスラエルの賢者が、箴言の適用も含め、すべてのことに的確な時があると強く意識していたことを私たちは知っておくべきである。

　箴言は、これを機械的に暗記して適用さえすれば、自動的に成功や幸せに導いてくれるような魔法の言葉ではない。26章7節と9節を読んでみよう。

　　愚かな者が口にする箴言は

　　歩けない人の弱々しい足。

　　愚かな者が口にする箴言は

　　酔いどれが手に振るあざみ。

　これらの箴言から、箴言の教えを正確に役立たせるには賢い人が必要だということが分かる。賢い人というのは、時宜に適ったことに敏感な人である。愚かな人は、箴言を適用すべき状況に関して無頓着だ。先ほど引用した箴言は、彼らを比喩的に表現している。弱々しい足はその人の歩行を助けることができないように、その人が口にする箴言は賢い行動を助けることができないのである。二つ目の箴言によると、愚かな者の用いる箴言

は、役に立たないどころか脅威にさえなり得る。あざみを武器に使うことは、それを振り回す人も打たれる人も傷付けるからである。

これらから、箴言には時宜に適った適用が必要であると分かった。賢い人とは、このことを心得て効果的に実践できる人である。では、賢い人になるためにはどうすればよいのだろうか？

知恵への道

どうすれば、人の気持ちを汲み取ることを学ぶことができるのか？ あらゆる状況での必要を敏感に察知することができるようになるには？ 箴言は、人が賢くなるためにさまざまな方法があることを教えている。それらは、観察、教訓、失敗からの学び、そして最後に最も重要なのが、主を畏れることである。[2]

観察と経験 賢い人とは、人生をよく観察している人である。このような人は、多様な場面や人々に触れ、それらを観察することで学んできた。知恵の成長に経験は欠かせないからだ。概して、年齢を重ねてきた年上の人のほうが若い人より賢いと言われるのもこのためである。後にヨブ記やコヘレトの言葉から見るように、必ずしも年上が賢いとは言えないこともあるが、それはあくまで例外である。事実、箴言1-9章においても、父が子に教えているのであって、その逆が見られることは決してない。

しかしごくまれではあるが、箴言の中で教師が自分の教えを裏付けるために、観察の過程を直接訴える箇所がある。数少ない例の一つが、6章6-8節である。

> 怠け者よ、蟻のところに行け。
> その道を見て、知恵を得よ。
> 蟻には指揮官もなく
> 役人も支配者もいない。
> 夏の間に食物を蓄えても

*2 このテーマについては、次の文献が非常に役立った。Daniel J. Estes, *Hear, My Son: Teaching and Learning in Proverbs 1-9* (Grand Rapids, Mich.: Eerdmans, 1998), pp.87-100.

刈り入れ時にもなお食糧を集める。

　教師は生徒に、外に出て勤勉な蟻を観察させることで、怠惰について諭している。教師は、この経験を通して彼らが教訓を得るだろうと確信しているのである。その教訓とは、次に続くとおりである。

　怠け者よ、いつまで横になっているのか。
　いつ、眠りから起き上がるのか。
　しばらく眠り、しばらくまどろみ
　しばらく腕を組み、また横になる。
　すると、貧しさは盗人のように
　乏しさは盾を持つ者のようにやって来る。(6:9-11)

　後に、賢者は息子に淫らな女の危険性を伝えるため、以下の観察を分かち合っている。

　私は家の窓から
　格子の外を眺めていた。
　私が見たのは思慮なき者。
　その中に、浅はかな若者を認めた。
　彼は街角まで通りを過ぎ
　女の家へと道を歩む (7:6-8)

　この話は女が若い男を誘惑し、悲惨な結末に至るまで続いている。

　彼はたちまち女の後に従った
　屠り場に行く雄牛のように
　罠に急ぐ鹿のように。
　やがて、矢が彼の肝臓を貫く。
　それは、まるで小鳥が罠に急ぐかのよう。

だが彼は自分の魂が網にかかったことを知らない。(7：22-23)

この観察から、賢者は息子にこの女を避けよと忠告する（箴7：24-27）。

このように、経験と観察の一連の過程を意識的に振り返って教える形は、箴言で決して多くはないが、ここに挙げた例以外にも見られる。以下の箇所は10-31章の中で、人や状況を繊細に読み取り、そのままを言葉に変えて諭す様子が見られる。

嘲る者を追い出せば、いさかいも去り
争いも侮辱もやむ。(22：10)

手を打って誓うな。
負債の保証をするな。
あなたに保証するものがなければ
敷いている寝床まで取り上げられる。(22：26-27)

怠け者は手を平鍋に入れるが
その手を口に返すことを煩わしく思う。(26：15)

伝統に基づく教訓　注意深い人は、観察と経験から人生の舵取りを心得ていく。成功に導く戦略（生き方）は何度も繰り返し教えられ、失敗に終わった戦略（生き方）は警告の対象として位置づけられる。観察や経験は、必ずしも個人的なものでなくてもよい。他の人が学び、分析したものを、参考にすることもできる。その役割を担っているのは、言うまでもなく父や教師である。箴言4章では、父が息子に、祖父の代から受け継がれた伝統に基づく教訓を与えている。

私も父の子であり
母にとっては、いとしい独り子であった。
父は私に教えて言った。

「私の言葉を心に留め

私の戒めを守って、生きよ。」（4：3-4）

この文脈から、箴言7章を思い起こすことができる。誘惑的で淫らな女についての教えは、父が直接観察し、会得してきた知恵に基づいているが、それは教訓という形で息子に伝えられる。この場合息子は、状況から直接学ぶための観察や経験の必要はない。つまり、私たちは先人のたどってきた伝統から知恵を学ぶことができるのである。

22章17節からは、新しいテーマが展開する。次の箇所は、その新たな展開の導入部分である。

耳を傾けて、知恵ある人の言葉を聞け。

私の知識に心を向けよ。

これらを体の中に納め

一つ残らず唇に備えるのは甘美なことだから。

あなたが主に信頼する者となるため

私は今日、特にあなたに知らせる。

私の判断と知識による三十句を

あなたのために書かないことなどありえようか。

それは真実の言葉が信頼できることを

あなたに知らせ

真実の言葉をあなたの使者に持ち帰らせるため。（22：17-21）

三十句とは、父から子へと現代に至るまで代々受け継がれてきた伝統を指す。この教訓によって、息子は賢い人に成長する。実際、そのことが後に続く二つの箴言を通して忠告されている。

心に知恵ある人は戒めを受け入れ

唇の愚かな者は滅びる。（10：8）

忠告に聞き従い、諭しを受け入れよ
将来、知恵を得るために。(19：20)

　次章では、イスラエルの賢者たちが彼らの土地に根付くイスラエルの伝統だけでなく、古代中近東に広く伝わる知恵にも頼っていたことについて議論する。特に、22章20節に記されている三十句が、アメンエムオペトの教訓と呼ばれるエジプトの書物と特別な関係を持っているという、広く受け入れられている研究結果について検証したい。

失敗から学ぶこと

　経験や観察から知恵を得るとき、失敗から学ぶことは一つの大きな要素である。箴言は、誰もが人生の歩みの中で選択を誤ることがあると想定している。賢い人と愚かな人の違いを挙げるとすれば、前者は失敗から学ぼうとする一方、後者は姿勢を改めようとしないことである。これについて箴言では、*mûsār*（ムーサール）と *tôkaḥat*（トーカハト）という二つのキーワードが使われている。NLT では通常、一つ目が「discipline（諭し）」、二つ目が「correction（懲らしめ）」と訳されている。これらは同じ意味領域（関連する言葉のグループ）に属し、同じ文の中に互いに並行して使われることがほとんどである。

　諭しや懲らしめは正しい道から逸れてしまう人に対するもので、彼らが元の道に戻るよう励ますためのものである。12章1節にもこのように書かれている。

　　諭しを愛する人は知識を愛する。
　　懲らしめを憎む者は愚かしい。

10章17節は、なぜ前者を愛し後者を憎むべきかを教えている。

　　諭しを守る人は命へと進み
　　懲らしめを捨て去る者は迷いに陥る。

諭しというのは受け入れ難い。なぜなら、それは失敗したことを自ら認めることを意味するからだ。これは謙遜にならなければできないことである。しかし、賢い人とは謙遜な人であり、高ぶる者ではない。実際、箴言でも高ぶりの危険性について多く語られている。箴言8章13節では、知恵の女の口から、知恵と高ぶりがいかにかけ離れたものであるかを強く断言している。

　　主を畏れることは悪を憎むこと。
　　高ぶり、高慢、悪の道
　　そして偽りを語る口を、私は憎む。

対照的に、神はへりくだる人を愛される。

　　主は嘲る者を嘲り
　　へりくだる人に恵みを与える。(3：34)

結局、高ぶりから生まれる副作用や結果は非常にマイナスのものであるのに対し、謙遜は私たちを命に導く良い道へと引き戻してくれる。

　　傲慢な者の来る所には屈辱も来るが
　　謙遜には知恵が伴う。(11：2)

　　主を畏れることは知恵へと導く諭し
　　誉れに先立つのは謙遜。(15：33)

　　破滅に先立つのは驕り
　　つまずきに先立つのは高慢な霊。(16：18)

このように自分の失敗から学ぶこと、また人の失敗を観察することは、知恵への道であり、その人を命の道へと導く。謙遜のみ、つまり弱さと過

ちを認める姿勢のみが、これらの教訓を人生に生かす秘訣なのだ。

啓示：突き詰めれば……

　箴言は、観察と経験、伝統、失敗から学ぶことはすべて、人の知恵の重要な源であると教えている。しかし、その知恵の中心におられるのは神ご自身である。神なしには、この世界の本質を見抜く力を得ることはできない。神こそが唯一の、真の知恵の源なのである。物事を観察し経験する能力でさえ、神から与えられたものなのである。

　　聞く耳、そして見る目
　　主がこの両方を造られた。(20：12)

　箴言が初めの段階でこの真理を立証しているのを、私たちはすでに見ているはずだ。箴言の目的を示した冒頭部分は、次のように締めくくられていた。

　　主を畏れることは知識の初め。
　　無知な者は知恵も諭しも侮る。(1：7)

　主を畏れるというテーマは、書物全体を通して鳴り響いている。結局のところ、もし知恵が世界を正しく理解することによるのであれば、この宇宙の基である神を認めずに、一体どうやって知恵を得ることができるだろうか。すべてのことは、ヤハウェ（主）との関係の中で理解されなければならない。この真理が謙遜を生み、この謙遜は、結局のところ、宇宙すべてを動かす力が存在するという知識からくるのである。

　　人の心にはたくさんの企て。
　　主の計らいだけが実現する。(19：21)

　したがって私たちは、私たちより偉大な唯一のお方が、人生の舵を取るために必要な教訓を与えてくださるよう求めるのである。

心の企ては人間のもの。

口の答えは主から来る。（16：1）

　また今まで、知恵の女についても詳しく見てきた。彼女は究極的な意味でヤハウェを表していることが分かっている。彼女の声に耳を傾けることは、神の声を聴くことに等しいのである。つまり、すべての真なる知恵、知識、洞察であり、伝統や教訓、経験や観察、そして懲らしめでさえも、神ご自身から出たものなのである。

まさしく、主が知恵を授け

主の口から知識と英知が出る。

主は正しい人には良い考えを

完全な道を歩む人には盾を備える。

裁きの道筋に従い

忠実な人の道を守るために。（2：6-8）

どのような愚か者か
　さて、箴言を暗記することや、機械的または絶対的に適用することは知恵と呼べないことが分かった。知恵とは、時宜に適った原則を時宜に適った人に適用する術を会得していることである。
　愚かな者にどのように答えるべきかを教える、一見「矛盾している」箴言（26：4-5）に戻って考えてみよう。今なら私たちもはっきりとこの矛盾を説明できるはずである。賢い人なら、相手がどういう類の愚か者であるのか、見極めることができる。その人は、賢い人から学ぶことなく、ただ時間とエネルギーだけを搾り取る人だろうか。もしそうなら、その人に合わせて答える必要はあるまい。しかし、もしその人に学ぶ態度があり、彼（彼女）に答えないことが問題を悪化させるだけなら、ぜひとも答えるべきである。
　一言で言うと、箴言は基本的に、真実と言える原則であって、不変の法則ではない。この一点を念頭に置いて箴言を読むなら、その理解に劇的な

変化が生まれるはずである。もし、箴言 23 章 13-14 節を New Kings James Bible（新欽定訳聖書、以下 NKJV）で読み、この箴言をただ機械的な理解で適用する人がいたとすれば、非常に危険な子育て論に行き着いてしまうだろう。

Do not withhold correction from a child,

For if you beat him with a rod, he will not die.

You shall beat him with a rod,

And deliver his soul from hell. (NKJV)

子を懲らすことを、さし控えてはならない、

むちで彼を打っても死ぬことはない。

もし、むちで彼を打つならば、

その命を陰府から救うことができる。（口語訳）

この言葉を両親が律法として受け止めるとしたら、彼らは子を火と硫黄の地獄に行かせまいという一心で、その恐れゆえに子をむちで打つことになるだろう。むしろ字義主義者なら、子どもをむちで打つ場合のみを良しとし、手で打つのは許されないと言うかもしれない。

　しかし、これは律法ではない。これは基本的な原則として、一定の規律を用いることに消極的な親に対し、子どもが早死にするような結果を招きかねない行動や態度を正すために、そのような方法を用いることも許容されるのであり、かつ助けになることだ、と教えるための言葉である。＊3 ただし、本章初めに例として挙げた愚か者のように、読み手は、自分がどのような子どもを相手にしているのかを知らなければならない。身体的な罰にまったく反応しない子どももいる。その場合は、事実上、むちを打つことによって墓への道を早めてしまうかもしれない。しかし反対に、身体的な罰はまったく不要で、ただ厳しい叱責が必要な場合もある。重要なのは、いかなる箴言を適用するときでも、子どもとその状況について両親はよく

＊3 NKJV では、Sheol を grave（墓）ではなく hell（地獄）と誤訳している。この箴言は、しつけのされていない子どもは、早くに墓に送られる結果を招く行動や態度を示し得ると教えている。

知っておかなければならない、ということである。

箴言を読むときの原則

　箴言は繊細な状況把握力が求められる（situation-sensitive）書物である。私たちは、箴言を機械的に、または絶対的に適用してはならない。経験、観察、教訓、失敗からの学び、そして一番大切な、啓示——これらすべてが、箴言を読み、人を読み、状況を読むための土台となるのである。このような箴言の理解については、ヨブ記に見られる目に余る知恵の言葉の悪用例に注目する第7章で、より明確になるだろう。

さらなる考察のために

1. 箴言では、神の知恵は、経験に基づく観察、伝統的な教訓、失敗からの学び、そして啓示の4つの原則的方法を介している。次の箴言を読んで、それぞれがこれら4つのどのカテゴリーに属するか、振り分けてみよう。箴言23：9、23：22-25、25：1、28：5。

2. 一つひとつの箴言は普遍的な法則に従っていない。その不一致は、文脈の違いによるものである。次の箴言を読んで、それぞれの適用方法がどれほど幅広いものであるかを考えてみよう。箴言11：10、12：10、13：3、14：24、28：18。

文献

Brown, William P. *Character in Crisis: A Fresh Approach to Wisdom Literature in the Old Testament*. Grand Rapids, Mich.: Eerdmans, 1996.

Estes, Daniel J. *Hear, My Son: Teaching and Learning in Proverbs 1-9*. Grand Rapids, Mich.: Eerdmans, 1998.

Fontaine, Carole R. *Traditional Sayings in the Old Testament*. Sheffield, U. K.: Almond Press, 1982.

Kirschenblatt-Gimblett, Barbara. "Toward a Theory of Proverb Meaning." *Proverbium* 22 (1973): p.823.

第２部

文脈の中で『箴言』を読む

READING PROVERBS
IN CONTEXT

第6章

ソロモンはアメンエムオペトやアヒカルを知っていたか？
DID SOLOMON KNOW AMENEMOPE AND AHIQAR?

聖書の箴言と国際的な知恵
Biblical Proverbs and International Wisdom

　初めて聞くと驚いてしまうかもしれないが、聖書は完全なるオリジナルの書物ではない。しかし、動揺しないでほしい。考古学者たちはこれまで、イスラエルの周辺の諸文化が生み出した古代の書物を発見してきたが、それらの様式や内容が旧約聖書に奇妙なほどよく似ていることが分かっている。ここではっきりさせておかなければならないのは、聖書とその他の書物との間にはさまざまな類似点がありつつも、必ず決定的な違いが存在するということである。しかしだからといって、その類似点を無視すべきではない。特に、旧約聖書の知恵文学、中でも箴言においては、その類似性が顕著に見られる。

　いずれにせよ、旧約聖書に含まれる知恵文学は、意識的に古代中近東の知恵文学の型に当てはめて構成されている。例えば列王記上には、ソロモン王に神の知恵の賜物が与えられている物語が記されている。彼の満ちみちた知恵は、近隣の国々の知恵者たちと比較されている。

　神はソロモンに、非常に豊かな知恵と英知、そして海辺の砂浜のような

広い心をお与えになった。ソロモンの知恵は、東方のどの人たちの知恵にも、エジプトのいかなる知恵にもまさっていた。彼は、エズラ人エタンや、マホルの子らであるヘマン、カルコル、ダルダの誰よりも賢く、その名声は周りのすべての国々に知れ渡っていた。（王上5：9-11）

　この箇所は、他の国々の知恵を過小評価しているのではない。ただ、ソロモンの知恵が彼らの知恵に優っていた、と述べているのである。この記録自体が、聖書の知恵の釈義は当時の近隣諸国に見られる知恵の伝統の光の下で行われるべきだと勧めている。したがって、ここからは聖書の箴言に見られる内容と、メソポタミア文明、エジプト文明および北西セム諸語族の人々（特にアラム人）の文化から生まれた格言 [これらを箴言と呼ぶこともある] との類似点に着目していきたい。この知識によって、私たちは古代社会における格言の役割についてより良く理解できるだけでなく、互いにあまりにも類似しているゆえに、聖書がエジプトの資料から直接引用（借用）していると言われる箇所についても明らかにすることができるはずである。*1

メソポタミア文明の知恵
　シュメール文学　メソポタミア文明は、チグリス川とユーフラテス川に挟まれた地域を発祥地とする古代文明である。この地域の最南部は現在のペルシャ（アラビア）湾に当たる。今日この地域はイラクの国土であるが、歴史の始まりをたどれば（紀元前3千年頃）、ここはシュメール人の故郷であった。シュメール人は非常に進歩的な文化を築き、くさび形文字と呼ばれる、最初の文字（書記体系）を発明した。この文字は、くさび状（V字）の尖筆を柔らかい粘土板に押し付ける、または石碑に彫ったものである。紀元前3千年紀のあいだ、短い期間を除いて、シュメール人はメソポタミア地域を支配していた。彼らの文学には極めて優れた知恵の書もあり、非常に力強い格言も見られる。
　シュメール人による格言は、現代の学者たちの間で何十年も前から知ら

---
*1 箴言22：17-24：22とアメンエムオペトの教訓を比較。

れているところである。*² 格言集と見られる文書は、当時の書記学校で作成されていた形跡が確認できる。格言の内容からも、知識ある賢者たちのエリート主義がかいま見られる部分がある。

シュメール語をしらない書記だってえ？
彼はいったいどんな書記だい。ⅰ（シュメールの格言と諺 2.47）*³

ベント・アルスタ（Bendt Alster）氏は、これらの格言の主なテーマは「女性の日々の仕事、家族関係、良い男性像、嘘つき、法的な手続き、運命、宮廷、神殿と神々、並びに歴史および民族的言及」であるとまとめている。*⁴ ここに挙げられているテーマを見ると、聖書の箴言に共通するものが多いことに気付くのではないだろうか。
　例えば、不従順な息子と反抗的な妻についての悩みはよく似ていると言えよう。

悪い子なんか彼の母親は産んだ（覚え）はない。
彼の神は作っ（た覚えは）ない。ⅱ （シュメールの格言と諺1.157）

知恵ある子は父を喜ばせ、
愚かな子は母の悲しみとなる。（箴10：1）

浪費癖のある妻の住む家は食べることができない。ⅲ
（シュメールの格言と諺 1.154）

屋根の片隅に座っていることは
いさかい好きな妻と一緒に家にいることにまさる。（箴21：9）

＊2 Edmund I. Gordon, *Sumerian Proverbs: Glimpses of Everyday Life in Ancient Mesopotamia* (Philadelphia: The University Museum, 1959) を参照。より最近の研究としては次を参照。Bendt Alster, *Proverbs of Ancient Sumer*, 2 vols. (Bethesda, Md.: CDL Press, 1997).
＊3 シュメールの格言の翻訳と区切り番号はAlster（アルスタ）による。［引用している訳では区切り番号が異なる場合がある］。
＊4 Alster, *Proverbs of Ancient Sumer*, p. xviii.

　同様に、淫らな女についての警告もよく似たテーマである。次のシュメールの格言と、箴言５章と７章、特に７章24-27節に見られる長い勧告文を比較してみよう。

　　結婚している女と笑うな。その中傷の力は強い。
　　わが息子よ、結婚している女と（一人で）部屋に座るな。iv

（シュルッパク II.33-34）

　　奴隷の女と性交してはならない。彼女は軽蔑してあなたの名を呼ぶようになるだろう。(I.49)

　　売春婦を買ってはならない。その女は鋭く尖った鎌である。(I.154)＊5

箴言は以下のとおり。

　　子らよ、今、聞け
　　私の口の言葉に思いを向けよ。
　　あなたの心を彼女の道へとそらさず
　　彼女の道に迷い込むな。
　　彼女は多くの人を傷つけ倒し
　　殺された者は数知れない。
　　彼女の家は陰府への道
　　死の部屋へと下る。(箴7：24-27)

　もちろん、ここで論じたいのは、直接的な引用の有無ではなく、類似したトピックや態度に関することである。聖書の箴言は、文脈から取り出してみたとしても、シュメールの格言に見られる表現とは明らかに異なっている。しかし、聖書の箴言より何世紀も前に書き記されたシュメールの格

＊5　シュルッパクの訓戒の英訳はAlsterによるものだが、*Context of Scripture*, 1:569-70にも翻訳文がある。

言が、聖書のそれと同じような主題を取り上げていることは、単なる偶然とは言えないだろう。イスラエルの格言の作者たちが、シュメール人の先例に精通していたことは明らかである。

アッカド文学 紀元前3千年紀のあいだ、わずかな期間だがシュメール人による支配が途絶えた時期があった。これはセム語を話す民族の侵略によるものであったが、彼らは後にアッカド人として知られる民族である。サルゴン王の権力のもと、彼らは1世紀以上にわたって（紀元前2371-2230年頃）先住民であるシュメール人を支配した。一時シュメール人が政治的支配権を取り戻すが、それも長くは続かなかった。アッカド語を話す人々が再び優勢な立場を奪い、1500年ものあいだメソポタミア地域を治めたのである。当時は、北にアッシリヤ、南にバビロンが二大勢力として政治的権力を握っていた。

考古学者たちは、古代アッシリヤおよびバビロンの文書を数多く修復してきた。世界の創造物語（エヌマ・エリシュ）、洪水物語（ギルガメシュとアトラハシス）を初めとし、その他の文書もまた、聖書との関係性についての議論を引き起こしている。しかし、アッカド語の格言は、シュメール語の格言のように多くは存在しない。つまり、アッカド語を話す人々もまた、シュメール語の格言があることで満足していた可能性が考えられる。とはいえ、バイリンガル版の格言集（シュメール語とアッカド語）が現存のものとして残っていたり、二つの書物「王子への助言（*Advice to a Prince*）」と「知恵ある助言（*Counsels of Wisdom*）」は、箴言1-9章のように、父が息子に助言する内容となっている。[6] 「シュルッパクの教訓」のアッカド語訳も存在する。アッシリア学者のW・G・ランバートは、アッカド文学において保存されている格言が非常に乏しい理由について、カッシート人（第2千年紀中盤にメソポタミアの文化に侵入した民族で、アッカド文学を伝達する役割を担った）が口伝や大衆文学を重要視しなかったからではないかと推測している。ランバートは、この部類に格言などの文学も含まれたと考える。[7]

---

[6] *ANET,* pp. 425-27参照。Counsels of Wisdomの最新訳は、Benjamin Foster, *Before the Muses* (Potomac, Md.: CDL Press, 1996), pp. 328-31を参照のこと。さらに、ウガリットの文書でアッカド語のものがあるが、これはシュベ・アウィリムという人物が息子に向けた助言を記したものである（Foster, *Before the Muses*, pp. 332-35）。

[7] 彼の見解を参照。W. G. Lambert, *Babylonian Wisdom Literature* (Oxford: Clarendon, 1960).

エジプトの知恵の書

　箴言の背景に関して議論する場合、最も注目されてきたのは古代エジプトで発掘された知恵の書であろう。本章の初めに述べたように、聖書自体がエジプトの知恵文学について触れている（王上 5：9-11）。古代の伝統的な知恵文学の中で、エジプトの知恵文学ほど詳しく研究されているものは、聖書を除いて他にない。

　エジプトの知恵文学の始まりは、現地の名前で *sbyt* と呼ばれるもので、通常「教訓」や「教え」と訳される。*8 これらの書物はしばしば聖書の箴言と比較され、エジプト古王国と同時期の古い時代（紀元前 2715-2170 年頃）からプトレマイオス時代（紀元前 323 年より後）に至るものとされている。知恵の書は、エジプト文学の中でも最も人気のあるジャンルの一つであった。

　このような「教訓」は、大抵エジプト人社会の上流階級から発信され、内容は社会の中での人との付き合い方、また出世についての助言が主であった。その構成は、私たちにとってもなじみ深い、父から息子への訓戒である。中には、父が王である場合もあるが、すべてに共通しているのは、父が年寄りで経験豊富であること、そして父が社会的に高い地位から退こうとしており、息子がその立場にステップアップしようとしている、という点である。ストーリーは語り手と聞き手を紹介する序章から始まり、その文章の目的が明示されることが多い。以下に示すのは、**アメンエムオペトの教訓**の冒頭部である。比較のため、後に箴言の冒頭部を記している。

　　いかに生きるべきかの教え、

　　繁栄のための手引き、

　　年長者との交際のためのあらゆる掟、

　　廷臣のための規則、

　　発言者にいかに答えを返すべきか、

　　（使者として）送り出した人に（いかに）報告すべきか（についての知識）、

　　生活の道を指示し、

＊8　J. D. Ray, "Egyptian Wisdom Literature," in *Wisdom in Ancient Israel*, ed. J. Day et al. (Cambridge: Cambridge University Press, 1995), p.18 に記されているが、「悟り、啓蒙」がより原語の本来の意味に近いとしている。

地上において繁栄させ、

その心を神祠に下らせ、

悪よりそらし、

弥次馬連の口より救い、

人びとの口に尊敬されるための（教訓の）はじまり。

（この教訓は）職務の経験豊かな耕地長官にして、

アビュドスに（空）墓をもつ者、

カーナクトの子、

アビュドスにて義とされたるアメンエムオペトによって、

タウァール（Ta-wer）にて義とされたる者、［この部分のみ本書の訳者による訳］

一族中の最（年）少者、

正式の名はホルエムマーケルー、

　　　　　　　　　　　　（アメンエムオペトの教訓 I, 1–13, II, 10–13, III, 4）v

次に、箴言の言葉。

イスラエルの王、ダビデの子ソロモンの箴言。

これは知恵と諭しを知り

分別ある言葉を見極めるため。

見識ある諭しと

正義と公正と公平を受け入れるため。

思慮なき者に熟慮を

若者に知識と慎みを与えるため。

知恵ある人は聞いて判断力を増し

分別ある人は導きを得る。

箴言と風刺を

知恵ある言葉と惑わす言葉を見極めるため。

主を畏れることは知識の初め。

無知な者は知恵も諭しも侮る。（箴 1：1-7）

　この教訓のジャンルの例証は多い。例として 4 つ挙げてみるなら、**宰相プタハヘテプの教訓**、**メリカラー王への教訓**、**アメンエムオペトの教訓**、**オンクシェションクイの教訓**がある。

　宰相プタハヘテプの教訓はこれらの中で最古のものだが、発見されているエジプトの教訓の中ではさらに古いものがある。*9 この題名は第 5 王朝（紀元前 2494-2345 年頃）のイセシ王に仕える主席大臣の名に由来すると言われているが、一般的には偽名であるとされ、この書物自体は第 6 王朝（紀元前 2345-2181 年頃）のものである。文書は長い序章から始まり、37 章に及ぶ教訓が続く。この格言集は、静かで満ち足りた謙遜な人物像を理想として勧め、反対に、怒りっぽく、不満で貪欲な人を悪としている。これは、箴言の賢い人と愚かな人の区別によく似ている。

> もし息子が父のことばに従うならば、
> その企ては失敗することなし。
> 汝が従順なる息子として教えし者は、
> 官吏たちの心に高く評価され、
> かれに言われしことに従いて発言をなす者は、
> 従順なる者とみなされよう。
> ……（されど）聞きし（ことに従わ）ざる者の〈企て〉は失敗する。
> 賢者はみずからを固めんがために早起きするが、
> 愚者は独りいらだたんがために早起きする。
>
> （宰相プタハヘテプの教訓、465ff）vi

　メリカラー王への教訓は第 9 王朝（紀元前 2160-2130 年頃）または第 10 王朝（紀元前 2130-2040 年頃）の書物で、内容は王家の証の一例であるとされている。語り手は名前のない王、そして受け手（聞き手）は王家の王子である。この王はメリカラー王の前任、アクトエス（またはケティ）3 世と推測されて

---

*9 現存する最古の教訓はハルジェデフの教訓。

いるが、当時の王位継承については詳しく分かっていない。*10 より信憑性の高い説明として、この書物はメリカラー王が政治的プロパガンダとして作成させたもので、彼にとって好ましい助言を父と前任者たちに語らせたとされる。

　アメンエムオペトの教訓は、箴言を解釈するうえで重要な役割を担っている。これについては、後に議論するとしよう。この書物が書かれたのは、ほとんどの学者が紀元前 13 世紀または 12 世紀であるとしている。*11 構成は典型的なエジプト文献 (*sbȳt*) で、「穀物の監督係 (Overseer of Grains)」*12 と呼ばれていた年上のエジプト官吏、アメンエムオペトが、彼の息子、ホルエムマーケールーに向けて語っている。序章が、語り手の長い説明、受け手(読み手)の短い説明、そして目的の提示から成っている点は、教訓を記した他の書物とよく似ている。後者(目的の提示)については、次の説明文が記されている。

　　いかに生きるべきかの教え、繁栄のための手引き、年長者との交際のためのあらゆる掟、廷臣のための規則、発言者にいかに答えを返すべきか、(使者として)送り出した人に(いかに)報告すべきか(についての知識)、……弥次馬連の口より救い、人びとの口に尊敬されるための(教訓の)はじまり。*13 vii

　アメンエムオペトの教訓が他のエジプトの教訓と比べて特徴的なのは、序章に続く助言の部分が、通常37章であるのに対し、30章しかない点である。細やかで、かつ明確な設定と助言は、この教訓が裁判のためのものであることを示している。エジプト学者たちは、**アメンエムオペトの教訓**が物質的な要素よりも内面的な美徳や報いを尊ぶ点で、この書物がそれまでの

＊10 Miriam Lichtheim, *Ancient Egyptian Literature* (Berkeley: University of California Press, 1975), 1:97.
＊11 John Ruffle,"The Teaching of Amenemope and Its Connction with the Book of Proverbs," *Tyndale Bulletin* 28 (1977): 33. 次も参照、R. J. Williams, "The Alleged Semitic Original for the Wisdom of Amenemope," *Journal of Egyptian Archaeology* 47 (1961): p.106; B. Peterson, *Studia Aegyptiaca* 1 (1974): pp.323-27; Paul Overland, "Structure in *The Wisdom of Amenemope* and Proverbs," in "*Go the Land I Will Show You*," ed. J. E. Coleson and Victor H. Matthews (Winona Lake, Ind.: Eisenbrauns, 1996), pp. 275-91.
＊12 英訳はすべて、J. A. Wilson, *ANET*, pp. 421-25から引用。
＊13 Wilson, *ANET*, p. 421.

教訓の形式から変化を遂げるきっかけになっていると考えた。一方で初期の教訓と同様に、空回りする「心熱き者」と、謙遜で控えめな「寡黙なる者」とを比較している。

　最後に、**オンクシェションクイの教訓**（"Onkhsheshonqy" と表記される場合もあり）がある。[14] この教訓は、まず初めにオンクシェションクイがこれを記す目的が何であるかを、物語形式で説明するところから始まる。簡単に説明すると、彼はファラオの命を狙ったことで投獄されたため、彼の息子に直接教えることができない状況にあった。プロローグでは、彼が牢に入れられるまでの経緯を次のように物語っている。太陽の神に仕える祭司、オンクシェションクイは、ファラオの主治医であった友人ハルスィエセを訪問したとき、権力者を排除しようとする陰謀に巻き込まれた。祭司は陰謀に加わろうとしなかったため、計画の噂が流れたときに死刑の宣告を免れた。しかし、陰謀を知っていたにもかかわらず報告を怠ったことにより、彼は投獄されたのである。

　この長いプロローグに続くのは、見解や助言を述べる数多くの格言やことわざである。短い散文体で構成されたこれらの格言は、革新的とも言える形式を取り入れている。一見乱雑であるが、テーマや文体ごとに大まかに分類され、テーマによっては他より強調されているものもある。獄中からの助言という設定上、主なテーマの一つが「変化の普遍性とそれに伴う栄枯盛衰について、および行動に伴う結果について」であるというのも、およそ納得のいく点であろう。[15] 次の格言は具体例である。

　　男からミルラの匂いがするとき、その妻は彼の前で猫のようである。

　　男が苦しむとき、その妻は彼の前で雌獅子のようである。

　　正しい行いを恐れるな。

---

[14] この文書は次の文献で読むことができる。Lichtheim, *Ancient Egyptian Literature*, 3:159-84.
[15] J. D. Ray, "Egyptian Wisdom Literature," p. 26.

盗みをしてはならない。あなたは必ず見つけ出される。

あなたの息子を他の町の女と結婚させてはならない。
彼が取り去られてはいけないから。＊16

　エジプトの格言文学についての議論を終える前に、マアト（Ma'at）と呼ば
れる、擬人化された女神の概念について考察する必要がある。マアトは一
概に定義し難いが、少なくともヘブライ文化における知恵と深く関係し、
具体的には知恵の女を象徴する存在とされる。マアトは宇宙の調和そのも
のであり、秩序と正義を象徴している。上記の教訓は、息子または弟子が
マアトの姿、すなわち穏やかで静かな人に近づくよう励ましている。その
反対に位置するのは熱い（騒がしい）人、臆病で貪欲な人である。ここでも
また、賢い人と愚かな人とを分類する聖書との共通点を思わずにはいられ
ない。

北西セム諸語の格言

　「北西セム諸語」という呼称は、旧約聖書の時代に現在のイスラエル、シ
リア、ヨルダンの国土で話されていた言語に近い言語族を指す。この言語
族には、ヘブライ語、ウガリット語、アラム語、エブラ語、モアブ語、フェ
ニキア語、アモン語が含まれる。初めの三言語以外はみな、現在部分的にし
か存続していない。聖書に含まれない格言文学で唯一影響力のある北西セ
ム語書物は、**賢者アヒカルの言葉**である。この書物は、冒頭で興味を引く
物語が語られ、その後に格言が続く構成となっている。以下に示す物語の
あらすじは、初期の部分的なアラム語の文献を、後の改訂版で補ったもの
である。＊17

　アヒカルは初め、アッシリアの王センナケリブ（紀元前704-681年）の顧問
官として働き始めた。彼には息子がなかったので、甥のナディンを後継者

＊16　英訳はM. Lichtheim, *Ancient Egyptian Literature* (Berkeley: University of California Press, 1980),
　　3:171.（和訳は楠訳）
＊17　この書物で最も信頼のおける出版、および本書で引用している英訳は、James Lindenberger, *The
　　Aramaic Proverbs of Ahiqar* (Baltimore: Johns Hopkins University Press, 1983)を参照。

として育てていた。センナケリブ王が殺されると、次に即位したのはエサルハドンであった。するとナディンは叔父を裏切り、王を騙して役人のナブースムイスクンに老人（アヒカル）を殺すよう命じた。幸運なことに、アヒカルは過去にこの役人の命を救ったことがあったため、彼は命乞いをし、死を免れた。ナブースムイスクンは彼の宦官の一人を代わりに殺し、その遺体をアヒカルだと偽ってナディンに差し出した。後になって、エジプト人が大規模な建築事業を行うための助言役を求めてエサルハドン王のもとに来たが、王は優秀なアヒカルがいないことを悔いた。しかし、ナブースムイスクンは今こそアヒカルを公の場に呼び戻す時だと考えた。アヒカルは王に温かく迎え入れられ、ナディンは裏切りの罪のため打たれた。

　この物語に続く格言は短く、まとまりのないものであるが、それが格言集の典型的な特徴でもあり、箴言にも共通する点である。次に挙げる例で、一つ目は箴言にも見られる数字を用いた格言（例えば、箴6 : 16-19）、二つ目はむちによる懲らしめを勧める内容で、箴言23章13-14節を思い起こさせる格言である。

　　　（なすべく）ふさわしきこと二つと、
　　　第三には神シャマシュによろこばれることは、
　　　酒を飲［み］、飲ませるべく（他人に）与える者、
　　　用心深い（慎重な）（知恵を大切に守る）者（それに）
　　　なにかを耳にしてもしゃべらない者。――見よ、それが
　　　シャマシュにとって大切なことなのだ。（格言12）viii

　　　棍棒（鞭）から汝の息子をかばう（引き止める）なかれ。さもなくば［息子を悪から］救うことはできまい。（格言3）ix

箴言に暗示されているテーマ
　先述したように、列王記上5章はイスラエルの知恵文学の近隣諸国における位置付けを示している。これまで、エジプト文学、シュメール文学、アッカド文学、北西セム諸語文学の、格言（箴言）文学の概観を調べてきたが、ヘ

ブライ語の知恵の書を学ぶ際に古代中近東の文学を幅広く視野に入れると、その内容の理解により一層の深みが出ることが分かる。すべての伝統・文化において、知恵は抽象的でも哲学的でもなく、より良い人生を望む実践的なものである。[18] 次に挙げるのは、これらの比較を彩る典型例である。

父と息子　参考にした古代中近東のどの文化にも、父が息子に向けて語る格言文学が存在している。エジプトの教訓のプロローグに登場する父と息子は名前も与えられているが、父から息子への語りという設定は、必ずしも助言の章まで続いているとは限らない。（この点で箴言に最も近いのは賢者アヒカルの言葉である。これはアラム語の書物が箴言と文化的に近いことを考えると、当然のことと考えられる）。このようなエジプト文学の特徴は、父と息子が血縁関係ではなく師弟関係であるという主張の根拠とされてきた。師は、その職（務め）を受け継ぐ者、つまり生徒または弟子に対して、語りかけているという。しかしこのことは、血縁関係にある「息子」が、父の職を受け継ぐ可能性を排除するものではない。したがって、親子関係、師弟関係の両方が、解釈として間違いではないと考えられる。

いずれにせよ箴言には、師弟関係や仕事に関すること（例えば王の前での礼儀など）と、家族の問題の両方が含まれている。さらに父からだけでなく、母からの教訓もある（箴 1：8, 6：20, 31：1）。このような箇所は、師弟関係としての解釈のみに限定することが困難になる例である。

アメンエムオペトの教訓と箴言　おそらく最もよく知られている古代文学と箴言の比較は、箴言22章17節から24章22節と、前述のエジプトの教訓、アメンエムオペトの教訓だろう。この書物が学者間で注目された1920年代、聖書の知恵の書とエジプトの知恵の書との関係性についての議論が始まり、現在もまだ続いている。両者がどのように関わり合っているのかについては議論が続いているが、アメンエムオペトの言葉と聖書の箴言に見られる「知恵ある人の言葉」（箴 22：17-24：22）がよく似ていることは否定できない事実である。箴言の他の箇所にも、ここに挙げた例のとおり類似点は多く

---

*18 Richard J. Clifford, *Proverbs* (Luisville, Ky.: Westminster John Knox, 1999), p. 8.

存在している。*19

　　弱い人からかすめ取るな、その人は弱いのだから。

　　苦しむ人を町の門で踏みにじってはならない。（箴22：22）

　　虐げられた者から奪うことのないよう心せよ。

　　腕折れたる者を抑圧すること（のないようにも）。

　　　　　　　　　　　　　　　（アメンエムオペトの教訓IV, 4-5）

　　技に秀でた人を観察せよ。

　　その人は王の前に仕えるが

　　闇の者の前に仕えることはない。（箴22：29）

　　その職務にて経験豊かな書記は、

　　みずからが廷臣に価する（人物である）ことを見いだそう。

　　　　　　　　　　　　（アメンエムオペトの教訓XXVII, 16-17）

　　富を得るために労するな。

　　分別をもって思いとどまれ。

　　目を富に向けても、そこに富はない。

　　自ら鷲のような翼を生やし、天に飛んで行く。（箴23：4-5）

　　過剰を求めて働くな。

　　汝の必要が確保されているときは。

　　強奪によって富がもたらされようとも、

　　汝のもとにて（一）夜を過ごすことなし。

　　夜明けには（もはや）汝の家になく、

　　その場所はみつかっても、（そこには）もうない。

　　地はその口を開いて〈精算し〉呑み込み、

*19 これらの例文（アメンエムオペトの英訳を含む）は、Ruffle, "Teaching of Amene-mope," pp.29-68 から引用。（和訳は「アメンエムオペトの教訓」『筑摩世界文学大系・第1巻：古代オリエント集』杉勇他訳、筑摩書房、1978年、p.548, p.552）

冥界に沈めよう。

（あるいは）富の量に大いなる裂け目生まれ、

冥界に沈もう。

（あるいは）ガチョウのような翼をつくり、

天に飛び去ろう。（アメンエムオペトの教訓 IX, 14-x, 5）

昔からの地境を移すな。

みなしごの畑を侵すな。

彼らを贖（あがな）う方は強い。

その方が彼らに代わってあなたと争うだろう。（箴 23：10-11）

耕地の境界標を取り去るな。

寡婦の境界（じざかい）を犯すな。（アメンエムオペトの教訓 VII, 12）

　上記以外の類似点も含め、このような似通った表現は、両者に反映される知恵の発端がどこにあるかについて激しい議論を起こしている。それぞれの主張としては、エジプト優位説、[20] イスラエル優位説、[21] そして第三の共通原典の存在を唱える説に分かれる。この問題を解決するうえで一つの難点となるのは、箴言の各章がいつごろ書かれたのかはっきりと分かっていないことである。しかもその点において、**アメンエムオペトの教訓**も執筆時期が不明なのである。問題となっている箴言22章20節の言葉も、単純に「30」と解釈することができ、**アメンエムオペトの教訓**が30の格言から成っていることから、聖書の現代訳の多く（NRSV, NIV, NLT）は、この箇所に下記のような修正を施している。

I have written thirty sayings for you,

filled with advice and knowledge. [22]

＊20 Alfred Erman, *Sitzungsberichte der Prussischen Akademie der Wissenschaften* in 1924.

＊21 Robert O. Kevin, *The Wisdom of Amen-em-ope and Its Possible Dependence on the Book of Proverbs* (Austria: Adolf Mozhausen's Successors, 1931).

＊22 NLTでは"thirty sayings"に脚注を付け、「または、優れた箴言（格言、句）：ヘブライ語の意味は不明確」と書き加えることで、この箇所の真意が完全に明確でないことを主張している。

　私の判断と知識による三十句を
　あなたのために書かないことなどありえようか。

　学者の中には、**アメンエムオペトの教訓**と箴言に見られる類似点は決して珍しいものではないと論じる者もある。エジプトの教訓を調べれば調べるほど、この一節だけでなく他の書物にも多くの共通点が存在していることが分かるからである。また、**アメンエムオペトの教訓**と箴言の持つ知恵の概念自体もよく似ていることは明白であり、他の文化の知恵についてもまた同様である。アラム語の**賢者アヒカルの言葉**には、特に顕著な類似性が認められる。したがって、最も的確な結論としては、箴言と**アメンエムオペトの教訓**との間に具体的な関係性はないが、近隣諸国の知恵伝統に属する両者は、その概念を大部分において共有しているという理解に至る。そして、それらの類似点を照らし合わせるとき、箴言の特異性——具体的には、ヤハウェと知恵の関係性——がより一層際立って見えてくるのである。

知恵のテーマ

　古代中近東の知恵文化には、じつによく似た興味やテーマが登場することに私たちはただ驚くばかりである。アメンエムオペトの言葉と箴言22章17節-24章12節の共通項はすでに確認したが、その他にも各箴言との特別な繋がりが随所に見られる。

　危険な女　エジプト、メソポタミア、およびパレスチナの伝統的な知恵文化は必ず、淫らな女や人妻と親しくなる危険性を若い男たちに対して警告している。このような行動はその人のキャリアを傷付け、健康を損なわせるばかりか、嫉妬した夫の怒りを受けることになる。また、このような関係を持つ若者は、突拍子もない行動に出たり家庭を崩壊させるなどの結果を招くのである。このテーマは箴言の主軸となっており、特に初めの9章に色濃く見られる。箴言6章23-26節は、このテーマをよく表している箇所である。

戒めは灯、教えは光
諭しのための懲らしめは命の道。
それはあなたを悪い女から
異国の女の滑らかな舌から守る。
彼女の美しさを心の中で追い慕うな。
そのまなざしに捕らわれるな。
遊女への支払いは多くても一塊のパン
人の妻は貴い命を貪る。

この箇所を、次に示す他の古代中近東の知恵の書と比較してみよう。

夫が軍人の、娼婦を娶るな。
女神に自らを捧げている宮殿の売春婦も、
数知れない男と親しい高級売春婦も、娶ってはならない。
その女は、あなたが困難のうちにあってもあなたを支えず、
あなたが議論に巻き込まれても冷笑する。
その女には根っから尊敬も従順も無い。
もしあなたの家にその女の部屋があるなら、彼女を追い出せ。
その女は人の足音に耳をそば立てている。（アッカド語知恵の書）x

（まだ）青年であるときに妻を娶れ。
汝のため息子を産んでくれよう。
（まだ）若いうちに［息子を］設けよ。
かれが（一人前の）男となるよう教育せよ。

その都市で知られていない他者の婦人に気をつけよ。
女が通りすぎるとき、じっと見つめてはならぬ。
肉体の上で女を知ってはならぬ。
深淵の水であって、その流れは（誰にも）分からず、
夫から遠く離れた婦人である（からだ）。

「私は〈ひとりものです〉」と毎日（でも）汝に言うだろう。

汝を罠にかけようとするとき、彼女には証人はいない。

このことが人に知れ、その早い口を呑みこめなかったとき、

それは死（に値する）重罪なのだ。（アニの教訓）xi

賢い人と愚かな人　教訓は、その性質上、正しい生き方（a right way）と誤った生き方（a wrong way）があることを想定している。古代中近東の教訓もこの点を強調し、人生を正しく生き、最小限の問題と最大限の成功を得させるための助言を与えている。箴言では、賢い人が理想とされており、知恵は倫理的な正しさ（公正）につながっている。一方でエジプト文学では、冷静な人または静かな人が理想的であり、その正反対は熱い（騒がしい）人である。冷静な人は穏やかで、状況に応じて行動できるが、熱い人は臆病で押し付けがましく、不必要なまでに感情的である。このように多少の違いはあるものの、聖書とエジプト文学の倫理的カテゴリーには重なり合う点があるようだ。

心熱き者と仲間になるな。

会話しようとてかれを訪れるな。（アメンエムオペトの教訓第9章）xii

愚かな者にはその無知に合わせて受け答えをするな。

あなたがその人に似た者とならないために。（箴26：4）

賢い人と愚かな人という聖書に見られる両極と、心熱き人と冷静な人というエジプトの対比には、他にも類似点が見られるが、同時に決定的な相違点も存在する。より広い文脈で考えると、箴言に出てくる知恵は非常に神学的な概念であるという点である。賢い人がいるとすれば、その人は知恵の女──つまり擬人化されたヤハウェの知恵──との関係にあり、もっと突き詰めればヤハウェご自身と共にいるのである。エジプトの知恵文学もまた世俗的なものではない。中心的概念であるマアトは、神々に支えられる存在であり、時に女神の姿に擬人化されている。しかし、エジプトの

教訓は、表向きには宗教的なものとされていない。

王の前での礼儀 　古代中近東の知恵は、その多くが王の宮廷で仕える運命にある比較的若い廷臣に向けられたものである。これは箴言も同様であるが、箴言では王の宮廷だけでなくさまざまな状況が扱われている点で異なる。ただし、知恵の書の中には、エジプト文学にも聖書にも共通して、テーブルマナーのように非常に実際的なアドバイスまで記されている。

> 汝より偉き人の食卓に坐るものの一人とならば、なにが前に置かれようと、かれの出すものを受けとれ。汝の前にあるものをよく眺めよ。じろじろとかれをみつめるな。(宰相プタハヘテプの教訓) xiii

> 貴族の前にてパンを食べるな。最初に汝の口にのせるな。たとえ噛むふり(だけ)で満足したとしても、汝の唾液を慰めてはくれよう。汝の前にある盃をみて、汝に必要な（だけの量を飲むに）用いよ。貴族は役所にて高い（地位にある）が故に、井戸が多量（の水）を出すような（立場にあるのだ）。
>
> (アメンエムオペトの教訓 xxiii, 13-20) xiv

> 支配者と宴席に着くとき
> 自分の前にあるものをよく見極めよ。
> 食欲旺盛であるなら
> 喉にナイフを当てておけ。
> 珍味だからと欲望をあらわにするな。
> それは偽りの食物だ。(箴23:1-3)

その他の類似テーマ・アメンエムオペトの教訓の格言と聖書の箴言に類似点が見られることはすでに確認したが、そのような共通点はこの二つの書物だけでなく、他の古代中近東文学の書物についても同様である。一つの例として、**アニの教訓**と箴言に、飲酒に関するよく似た忠告があるので見てみよう。

> ビールを飲みすぎてはならぬ。その時には、汝の知らないうちに、

意味の分からぬ言葉が口からでてくる。（アニの教訓）ₓᵥ

ぶどう酒は嘲（あざけ）り、麦の酒は騒ぎ

これに迷わされる者が知恵を得ることはない。

（箴 20：1 参照・31：4-5）

知恵の書の構成

　古代中近東の格言と聖書の箴言は、その内容のみならず構成に至るまで比較することができる。箴言は全体的に、少ない言葉で多くを語る詩的な表現が主である。特に聖書の詩文は、これまでも見てきたように、短く、簡潔な文で比喩を多用し、並行法でグループ化された構成になっている。初期のエジプトの教訓は、その多くが箴言1-9章とよく似た詩的表現を用いている。一方で後期の教訓、例えば**オンクシェションクイの教訓**などは、箴言の後半部分に似た、格言集のような構成が取り入れられているのである。聖書および聖書以外の書物の両者に見られる具体的な型の一つは、数を用いた格言や箴言である。箴言6章16-19節と、ウガリット語の神話の一節、**賢者アヒカルの言葉**の一節を比較してみよう。

　　主の憎むものが六つ

　　心からいとうものが七つある。

　　高ぶる目

　　偽りを語る舌

　　無実の人の血を流す手

　　悪だくみを耕す心

　　急いで悪に走る足

　　虚偽を語る偽りの証人

　　兄弟の間に争いを引き起こす者。（6：16-19）

　　見よ。バアルが憎んだ犠牲が二つある、雲に乗るものには三つある。

　　恥の犠牲と、卑劣の犠牲に、婢の醜行の犠牲。

（「第二章 バアルの神殿」51：Ⅲ『ウガリトの神話 バアルの物語』谷川政美訳 p.73）

（なすべく）ふさわしきこと二つと、第三には神シャマシュによろこばれることは、酒を飲［み］、飲ませるべく（他人に）与える者、用心深い（慎重な）（知恵を大切に守る）者（それに）なにかを耳にしてもしゃべらない者。

(92-93a 行) xvi

結論

ここまで、古代中近東文学と聖書の箴言との間に見られる類似点を多方面から概観してきたが、そこから重要な教訓を二つ得ることができる。一つは古代の世界を見る視点、もう一つは現代の世界を見る視点である。

このような学びをするうえで、おそらく最も大切なことは、箴言がつい昨日書かれた書物ではないということを留意することである。箴言は、古代の世界にしっかりと根付いた古代の書物である。現代の翻訳を読むと、その現代的表現ゆえに、このような事実がぼやけてしまう印象がある。翻訳者たちは古代の世界に身を置くことで、ヘブライ語の文書を読み、現代の活き活きとした、理解可能な現代的表現に置き換える。しかし、用いられる比喩や概念は古代のもののままである。したがって、箴言は表面的に読むべき書物ではない。私たちの生活に適用する前に、まず時間をかけ、熟考し、古代の世界を再構築しなければならない。それから、私たちの知識と想像力を活かして、現代に当てはめていくべきなのである。

その努力は、神がご自身の民に、その時代にあった言語と様式で語られたことを健全に思い起こさせるものである。私たちはその神の言葉を、私たちの時代に当てはめる務めを担っている。

聖書と古代中近東の知恵の書に見られる助言（アドバイス）を比較していくと、列王記上5章に記されていること、つまり、イスラエルの賢者たちが国境を越えて格言や箴言を学んでいたことが裏付けられる。特定の引用などについて教理的に議論するのはリスクを伴うが、イスラエルの賢い教師たちが、彼らの近隣国（異教徒！）の知恵の書を読み、理解し、取り入れ、自分たちのものとしていたことは、ほとんど疑いようがない。

この事実を踏まえて私たち自身も、非キリスト教的文化を含む世界中の

文化に対してどのような視点を持つべきか、考えさせられるのではないだろうか。多くのクリスチャンは、現代の文化やそこから生まれる文学に対して強く反発する傾向がある——キリスト教書物だけを読み、キリスト教系の学校だけに通い、映画なども厳選する。もちろん、イスラエルの預言者たちは異教文化の持つ魅惑的な力に警戒せよと、重要な忠告を告げている。しかし、賢者たちは、両者を釣り合わせる錘である。彼らは思慮深い観察者の模範であり、彼らを取り巻く世界を反映しているのである。私たちもそのように、優れた観察者になるべきではないだろうか。

　賢者たちは、幅広い文化背景からよく観察して取り入れたが、単純に、批判的な思考なしに引用することは決してなかった。むしろ、彼らは自分たちの宗教的価値観をそれらに当てはめたのである。箴言のどこを読んでも、マアトや他の異教徒の神々は出てこない。もし、賢者がエジプトの知恵の書に隠された真理を観察・吟味したとしたら、彼らはそれをヤハウェの真理として理解したのである。彼らは知恵の女を心から愛し、究極的には、ヤハウェを心から愛していたのだ。イスラエルの知恵は、幅広い古代中近東の知恵と比べると、決定的に関係概念となっている。人は、擬人化された知恵の女と関係を持つ。その賢さは、彼女との親密さに比例するのである。

　　知恵は、それをつかむ人にとって命の木。
　　知恵を保つ人は幸いである。（箴3:18）

さらなる考察のために

1. あなたは、箴言と古代中近東の文学との間に相互関係があったと考えるか？　あなたはその考えに困惑を覚えるか、励まされるか、または興味がないか、興味をそそられるか？　それはなぜだろうか？

2. より幅広い古代中近東の背景を知ることは、どのように聖書の書物を理解する助けになるだろうか？

3. 神はなぜ、よく知られ、幅広く用いられていた文学ジャンルを用いて人々に語りかけられたのだろうか？

4. 神が近隣諸国の文化や文学を活用されたという事実から、あなたはこの世界においてどのような証し人になるべきだろうか？

参考文献

Day, John, et al. Editors. *Wisdom in Ancient Israel.* Cambridge: Cambridge University Press, 1995.

Emerton, John A. "The Teaching of Amenemope and Proverbs XXII 17-XXIV 22: Further Reflections on a Long-Standing Problem." *Vetus Testamentum* 51 (2001): 431-57.

Gammie, John G., and Leo G. Perdue. *The Sage in Israel and the Ancient Near East.* Winona Lake, Ind.: Eisenbrauns, 1990.

Kitchen, Kenneth A. "Proverbs and Wisdom Books of the Ancient Near East." *Tyndale Bulletin* 28 (1977): 69-114.

Ruffle, J. "The Teaching of Amenemope and Its Connection with the Book of Proverbs." *Tyndale Bulletin* 28 (1977): 29-68.

Shupak, Nili. *Where Can Wisdom Be Found?: The Sage's Language in the Bible and in Ancient Egyptian Literature.* Göttingen: Vandenhoeck & Ruprecht, 1993.

Waltke, Bruce K. "The Book of Proverbs and Ancient Wisdom Literature." *Bibliotheca Sacra* 136 (1979): 302-17.

i. 和訳は「シュメールの格言と諺」『筑摩世界文学大系・第1巻：古代オリエント集』杉勇他訳、筑摩書房、1978年、p.100から引用

ii. これは同文献より引用した訳だが、本文に示されている英語とは若干異なる。この和訳は同上、p.97より引用。本文の英語を忠実に訳すなら、「悪い子なんか、彼の母親は産むべきではなかった。彼の神は、彼を作るべきではなかった」（楠訳）。

iii. 楠訳。

iv. 楠訳。以下のシュルッパクの訳文も同じ。

v. 和訳は「アメンエムオペトの教訓」『筑摩世界文学大系・第1巻：古代オリエント集』杉勇他訳、筑摩書房、1978年、pp.549-550。[「タゥアールにて義とされたる者」は楠訳]

vi. 和訳は「宰相プタハヘテプの教訓」『筑摩世界文学大系・第1巻：古代オリエント集』杉勇他訳、筑摩書房、1978年、p.516。

vii. 和訳は「アメンエムオペトの教訓」『筑摩世界文学大系・第1巻：古代オリエント集』杉勇他訳、筑摩書房、1978年、p.549。

viii. 和訳は「賢者アヒカルの言葉」『筑摩世界文学大系・第1巻：古代オリエント集』杉勇他訳、筑摩書房、1978年、pp.381-382。

ix. 和訳は同上、p.381。

x. Akkadian Counsels of Wisdom. 楠訳。

xi. 和訳は「アニの教訓」『筑摩世界文学大系・第1巻：古代オリエント集』杉勇他訳、筑摩書房、1978年、pp.538-539。

xii. 和訳は「アメンエムオペトの教訓」『筑摩世界文学大系・第1巻：古代オリエント集』杉勇他訳、筑摩書房、1978年、p.548。

xiii. 和訳は「宰相プタハヘテプの教訓」『筑摩世界文学大系・第1巻：古代オリエント集』杉勇他訳、筑摩書房、1978年、p.506。

xiv. 和訳は「アメンエムオペトの教訓」『筑摩世界文学大系・第1巻：古代オリエント集』杉勇他訳、筑摩書房、1978年、pp.557-558。

xv. 和訳は「アニの教訓」『筑摩世界文学大系・第1巻：古代オリエント集』杉勇他 訳、筑摩書房、1978年、p.539。

xvi. 和訳は「賢者アヒカルの言葉」『筑摩世界文学大系・第1巻：古代オリエント集』杉勇他訳、筑摩書房、1978年、pp.381-382。

第7章

『箴言』と『ヨブ記』『コヘレトの言葉』との対話
PROVERBS IN CONVERSATION
WITH JOB AND ECCLESIASTES

箴言は健康や富や苦難といったテーマについて教えているが、それに対して、ヨブやコヘレト（伝道者）は「ソロモン」に何を語るだろうか。ある意味でこのような対話は聖書全体において繰り広げられているため、私たちはそれらに耳を傾けてよくよく聴かなければならない。

健康について言えば、箴言では楽観的な考えが大半である。

自分を知恵ある者などと思わず
主を畏れ、悪から離れよ。
それはあなたの体の癒やしとなり
あなたの骨の潤いとなる。（箴3：7-8）

同様に、富と苦難についても基本的に肯定的な姿勢を特徴としている。

私を愛する人を私も愛し
私を探し求める人を私も見いだす。
私のもとには富と誉れがあり
豊かな財産と正義もある。
私の与える実は金にも純金にもまさり

私のもたらす収穫は銀よりも望ましい。

正義の道筋を

公正の道の中を私は歩む。

私を愛する人に宝を継がせ

彼らの倉を満たす。(8：17-21)

　正しい人も人生の浮き沈みを完全には逃れられないとしても、箴言はあくまでそれらの問題が早く過ぎ去ることを教えている。

悪しき者の恐れていることはその身に起こり

正しき者には願いどおりのことが与えられる。

つむじ風が通り過ぎると、悪しき者はいなくなり

正しき者はとこしえの礎となる。(10：24-25)

　一見すると、知恵の教訓を守る人は大いなる成功を手に入れ、愚かな行いを愛する人には災難が次々と降りかかる、という結論に至ってしまいそうである。事実、ヨブの3人の「友」とエリフはまさにこのようなメッセージを箴言から読み取り、受け入れていたようだ。少なくともそれが彼らの初めの理解であった。

ヨブの3人の友による知恵

　もし知恵が、人生の問題に対する舵取りの能力に等しいなら、ヨブは多くの知恵が必要だろう。ヨブは今や、非常に大きな問題を抱えているからだ。ヨブ記の冒頭部分 (1-2章) には、もともと裕福で幸せだった男に苦悩が次々と降りかかる様子が描かれている。外部からの襲撃や自然災害によって彼の所有地は荒れ果て、子どもたちは死んでしまう。ついには、ヨブ自身が腫れ物で覆われる。突然の出来事がたび重なったことによって、ヨブは健康と富を失い、想像を絶する苦難の中に陥ったのである。

　ヨブが、上で引用した箴言の一節を読んだとしよう。彼はどのような疑問を抱くだろうか。そのヒントを得るために、「ヨブをいたわり慰めるために

やって来た」(ヨブ2：11) 3人の友に対するヨブの応答を吟味してみよう。

　エリファズ、ビルダド、ツォファルが来た本当の目的がヨブをいたわることであったとしたら、ヨブの辛辣な嘆き（3章）を聞いた直後、それは変わってしまったことになる。彼らは沈黙を破り、ヨブの態度と考えに対し、言葉による攻撃を止めどなく彼に浴びせた。このヨブと3人の友とのやりとりは書物の大半を占めている(3-31章)。何しろ、ヨブに対してエリファズ、ビルダド、ツォファルがそれぞれ語りかけ、その議論と非難にヨブが順に反論する長い会話が、計3回ずつ行われているからである。

　3人の友は個々にヨブに語りかけているが、よく読んでみると、彼らはヨブに対して同じテーマを繰り返していることが分かる。彼らは昔ながらの因果応報の神学を説いているのだ。吟味していくと、確かに彼らの考えは先ほど引用したような箴言の箇所で裏付けることができる。しかし、ヨブの状況にこの視点を当てはめてしまうと、それは非常に厳しく機械的なものになってしまう。

　彼らはまず、良い人には良いことが起こり、悪い人には悪いことが起こるという仮定から始める。神学的に言うならば、正しい人は繁栄し、罪人は苦難を受けるということである。エリファズ、ビルダド、ツォファルは、それをさらに飛躍させ「罪人＝苦難」という方程式を逆さにもできると考えた。つまり彼らは、苦難があるならあなたは罪人だ、と主張した。ヨブは苦しんでいたので、罪を犯したということになる。もし罪がヨブの問題であれば、そのための解決はただ一つ、悔い改めることである。賢者たちは哀れな苦境に立つ友に助言しようするが、診断（罪）も解決法（悔い改め）も彼らにとってはすでに明白なのだ。

　この様子が、エリファズの始めの言葉に表れているのを一例として見てみよう。

　　思い起こしてみよ。
　　罪がないのに滅びた者があったか。
　　正しい人で絶ち滅ぼされた者がどこにいたか。
　　私の見たところ

不義を耕し、労苦を蒔く者は
それを刈り取っている。
彼らは神の息によって滅び
怒りの息吹によって消えうせる。
獅子の雄たけびも獰猛な獅子のうなり声もやみ
若獅子の牙は折られる。
雄獅子が獲物を得ずに滅びれば
雌獅子の子らは散らされる。（4：7-11）

　ヨブは、この論理展開に激しく反発する。彼は確かに苦しんでいるが、それは彼の罪のせいではない。ここでヨブは、罪がまったくないとは決して訴えておらず、むしろ神に対し、正しい人はいないというビルダドの言葉に同意している（9：2）。そのうえで、神から公正を得ることはできるのかと問いかけている。彼は9章21-24節で、友の言い分に真正面から反論している。

　私が完全なのかどうか
　もう私自身にも分からない。
　私は生きることを拒む。
　すべて同じことなのだ。
　それゆえに私は言う
　「完全な者も悪しき者も神は滅ぼす」と。
　突然襲う鞭が人を殺し
　罪なき者の試練を神は嘲る。
　地は悪しき者の手に渡され
　神は地を裁く者の目に覆いをかける。
　神でないとしたら、一体誰がそうしたのか。

　ヨブと3人の友との間で交わされる議論の中心には、誰が賢いかという問いが存在する。誰が、ヨブの苦難を正しく見極めることができるのか？

ヨブも、3人の友も、我こそが知恵の源だと自認し、他者の知恵を嘲った<ruby>嘲<rt>あざけ</rt></ruby>った
のである。

　ツォファルは、11章12節で、ヨブをこのように愚弄している。

　　愚かな者も悟りを得るだろう。
　　野ろばの子が人間として生まれることができるなら。

ヨブもまったく躊躇せず、自身の知恵の論理を掲げて反撃に出ている。

　　確かに、あなたがたは優れた民である。
　　しかし、あなたがたと一緒に知恵も死ぬだろう。
　　私にも、あなたがたと同様に悟りがある。
　　私はあなたがたに劣らない。
　　このことを知らない者がいるだろうか。(12：2-3)

　　あなたがたの主張は灰の格言だ。
　　あなたがたの盾は粘土の盾だ。(13：12)

　ヨブと友らが互いへの怒りをあらわにし、緊迫している様子が分かるだろう。3人の友は張り合って、ヨブの苦難という問題の解決策を示そうとする。ヨブに困難を切り抜けさせ、彼を正しい道、命に至る道に連れ戻そうとするのである。しかし、ヨブはそのような友の助言に耳を貸そうとしない。なぜなら、そもそも彼らを知恵の教師として認めていないからである。その代わりに彼は自分なりに導き出した解釈——神の不条理さ（9：21-24）——と解決法——神を問い正す——を提示する。

エリフの知恵

　3人の友はやがてヨブに反論する気力を失う。彼らは負けを認めはしないものの、押し通すこともせず、ついに口を閉じる。この沈黙に、突然エリフが踏み込んでくるのである。この時まで、彼は紹介されていない。む

しろ読者は、これまでの議論を聞いていた別の誰かが居たことすら、認識していなかったのだ。

　エリファズ、ビルダド、ツォファルが当時の長老たちの知恵を象徴しているとすれば、エリフは、すべてを心得ていると思い込んでいる生意気な若者である。彼が言うには、年長の３人に敬意を示し、自分は静かに彼らがヨブの問題を解決してくれるのを待っていたという。しかし、彼らが失敗したので、エリフはもう黙っていられなくなったのである。

　　私は日数の少ない若者で、あなたがたは老いている。
　　それゆえ、私は遠慮し、
　　あなたがたに自分の意見を述べるのを恐れていた。
　　私は思っていた。
　　日数を重ねた者が語り
　　年数の多い者が知恵を知らせる、と。
　　だが、人の中に知恵の霊はあるが
　　人に悟りを与えるのは全能者の息なのだ。
　　多くの人が知恵深いわけではなく
　　年長者が公正を悟るわけでもない。(32：6-9)

　エリフは、ヨブが自分の考えを曲げようとしない態度を示していることにいらだっていた。「エリフの怒りが…ヨブに対して燃え上がったのは、ヨブが神よりも自分を正しい者としたからである」(32：2)。彼はまた、３人の友にも深く失望していた。「その三人の友人に対しても、エリフの怒りが燃え上がった。彼らはヨブを悪しき者としたにもかかわらず、答えを見いだせなかったからである」(32：3)。そこで彼もまた、自分自身を賢い者として主張し始めるのである。

　　ヨブよ、心して聞け。
　　沈黙せよ、私が語る。
　　もし、言葉があるなら、私に言い返せ。

語れ、私は喜んであなたを正しき者にしよう。
もし、あなたに言葉がないなら、聞け。
沈黙せよ、私があなたに知恵を教える。(33:31-33)

　このエリフの主張で特に印象的なのは、彼が新しい考えを提示すると主張しながら (32:14)、3人の友によってすでに論じられた古い因果応報の神学とまったく同じ論点を述べていることである。つまり、ヨブが苦難を受けるのは、彼が罪を犯したからだという考えに戻っているのだ。エリフはこのように述べている。

神は人間の行いに従って報い
それぞれの歩みに応じて報いを与える。

そのように、神は彼らの行いに目を注ぎ
夜の間に覆して彼らを砕く。
彼らの悪のゆえに
神は人々が見ている場所で彼らを打つ。
それは、彼らが神に背いて従わず
そのすべての道を悟ろうとしなかったからである。

彼は自分の罪に背きの罪を加え
我々の間で手を叩き
神に向かって言葉数を多くしている。(34:11, 25-27, 37)

ヤハウェの知恵

　ヨブ記が読者に示そうとしている知恵の視点は、ついにヤハウェの語りの中に見いだされる。
　ヨブは会話の中で、すぐにでも神と会見したいと願っている。

今日もまた、私の不平は激しく

私の手は嘆きのゆえに重い。

私は知りたい。

どうしたら、私はその方に会えるのか

御座にまで行けるのか。

私は御前で訴えを並べ

口を極めて抗議したい。

私はその方の答えを知り

私に言われることを悟りたい。

その方は強大な力を発揮して

私と論争するだろうか。

いや、きっと私を心に留めてくださるだろう。

そこでは、正しい人がその方と論じることができ

私は永遠に裁きから解放される。（23：2-7）

　神が嵐の内に現れてくださったことにより、ヨブの願いはついにかなえられる。ここでの嵐は、神が裁きのために来られることを意味している（詩18、29、ナホ1）。その願いがとんでもない願いであることに、ヨブは気付くべきだった。神と会見することなど、実現しないのだ。重要なのは、ヨブがなぜ苦しんでいるのかという問いに、神が直接的には答えないということだ。神は、ヨブが神の名誉を傷付けたことを戒めるのみである。「あなたは私の裁きを無効にし　私を悪とし、自分を正しい者とするのか」（ヨブ40:8）。神はご自身を正当化する代わりに、別の問いに答えられる。それは、知恵の源は何かという問いである。この問いは、ヨブ記全体を通して水面下にくすぶっていたテーマである。神はそれに、ついに決定的な答えを与えられた。賢いお方は、唯一、神のみであると。

　嵐の中の最初の言葉は、ヨブの知恵をその場にとどめ、続く数章にわたっては、神は創造主にしか答えることのできない問いをヨブに畳み掛けるように投げかけられる。

　知識もないまま言葉を重ね

　主の計画を暗くするこの者は誰か。

　あなたは勇者らしく腰に帯を締めよ。

　あなたに尋ねる、私に答えてみよ。（38：2-3）

　この箇所に続く質問は、神がご自身の創造された自然界の秩序を完全に知っておられ、支配していることを明らかにしている。この神の前で、ヨブの無知は浮き彫りにされる。これはつまり、自然界の秩序において真実であることは、道徳の秩序においても真実であることを示している。神は、ヨブがなぜ苦しむのか知っておられるが、ヨブは答えを得ないままなのである。

　知恵の源についての結論は、神による一連の修辞疑問文（rhetorical questions）によって強調されている。この問いは神の語りに繰り返されているもので、知恵の源について具体的に問い続けている。ヨブ記38章36-37節は分かりやすい例である（39：13-18 も参照のこと）。

　だれが、隠されたところに知恵を置いたのか。

　だれが、秘められたところに悟りを与えたのか。

　だれが知恵をもって、

　雨雲を数えることができるか。（新改訳2017）

　ヨブは神の語りの力を認め、謙遜と悔い改めと共に応答する。彼は、全能なる宇宙の神と、その御心に服従するのである。

　この書物の結論部分は、序章以来、再び散文の構成に戻る。今やヨブは神に服従したので、3人の友は神から叱責を受け、衝動的なエリフには触れもせず、ヨブを以前と同じように、いやそれ以上に栄えさせた。この結末は、全宇宙を支配される神の力と知恵を認めて生きることを勧めるものである。ヨブの物語は、じつに幸せな結末で幕を閉じる。

苦難と知恵に関するヨブのメッセージ

　ヨブ記は豊かで複雑な書物である。ここから得るべきメッセージを、た

かだか数ページの解説で充分煮詰めたかのような印象は与えたくない。とはいえ本書の目的は、ヨブ記がいかに箴言を正しく読む助けになるかという点に尽きる。そこで、知恵と苦難という二つの表題を掲げ、このポイントを押さえてみよう。

知恵　ヨブ記の筋書きと人物像を全体的に見ていくと、知恵の問題が最も重要な論点として浮かび上がってくる。当然、苦難の問題、具体的には潔白な人への苦難は、物語を前に押し進めるテーマであり神学的にも重要であるが、「誰が賢いか」という問いは物語が展開していく中で、より優先すべき問題点になっていく。ヨブ記に登場する人物は全員、我こそが知恵者だと主張するが、最終的には、神が嵐の中から語られるときに事の決着がつくのである。その時、彼らに競争する余地はもはやなく、真っ当な主張ができる者もいない。神のみが知恵の源であり、その神が良しとする者に知恵を与えられるのである。

この場合、人の正常な反応は悔い改めと服従である。ヨブ自身もこのように述べている。

> 私は耳であなたのことを聞いていました。
> しかし今、私の目はあなたを見ました。
> それゆえ、私は自分を退け
> 塵と灰の上で悔い改めます。(42：5-6)

人の苦難　神は、「なぜ私は苦しむのですか」というヨブの問いに対し、知恵というさらに重要な問いに答えることで、間接的に答えられた。結局のところ、人生の痛みから逃れられる人などいない。私たちはみな、厳しい現実の理由を見極めようともがき、少しでも苦悩が和らぐことを願っている。

神が被造物である人間にこの問いの答えを明かされないとしても、私たちはこの書物から苦難について多くを学ぶことができる。例えば「なぜ苦しむか」は分からないが、少なくともこの書物はある教理を否定している。それは、いわゆる因果応報の教理である。

　エリファズ、ビルダド、ツォファルが示した因果応報の基本的な前提は、罪を犯せば苦難が与えられるというものである。私たちはすでに、この前提にも一理あることを確認した。神に従って生きるなら、つまり知恵に生きるなら、人は「安らかに暮らし　災いを恐れず、安心して過ごす」（箴1：33）と箴言が教えているとおりである。

　しかし、3人の友は、罪が苦難をもたらすという、一般的に正しい前提を大きく超えてしまった。苦難があるのはその人が罪を犯したからに違いないという信念に到達するために、彼らは原因と結果を逆転させたのである。そうすることで、彼らはすべての苦難は罪によって説明される、つまり苦難は罪を暴露するしるしだと主張した。ヨブは苦難の中にある。よって、彼は罪を犯した。箴言の言葉を用いるなら、ヨブは賢い人ではないということになる。彼は義人としての人格の条件を持ち合わせていないように見えたからである。

　しかしこれこそがヨブ記において、特に箴言との関係性において、重要なポイントなのである。ヨブ記は、聖書の中でもこのような誤った合理化を正す役割を担っており、契約の言葉や箴言の行き過ぎた解釈から守るための書物なのである。箴言が教えるような、賢い行いと物質的な報いとの関係は、機械的に適用できないことを警告している。苦難の中にある人がいるとすれば、その苦難は彼の罪以外が原因であることをヨブ記は示しているのである。

　読者にとって、ヨブの苦難が罪によるものではないことは、序章の段階で明らかである。むしろ、ヨブの苦難の理由はヨハネの福音書9章に登場する生まれつき盲目である人と同じなのだ。この場面で投げかけれられた弟子たちの質問は、ヨブの3人の友が口にしたのと同じような因果応報の教理を反映している。「先生、この人が生まれつき目が見えないのは、誰が罪を犯したからですか。本人ですか。それとも両親ですか」。これに対するイエスの答えは、そのままヨブにも適用できそうである。「本人が罪を犯したからでも、両親が罪を犯したからでもない。神の業がこの人に現れるためである」。ヨブとヨハネの福音書9-10章が示すのは、神はご自身の従順なしもべの苦難を通して栄光を受けられるという、難解な真理なのである。

　ヨブ記を読んだからといって、世界中の苦難の理由がすべて説明される
わけではない。ただ、3人の友が苦難の唯一の説明として掲げる因果応報
の神学は否定される。ヨブはその半生を通して、個人的な罪のみでこの世
界の苦難を説明することができないことを証明しているのである。

コヘレトの言葉と箴言の知恵の限界

　コヘレトの言葉は、旧約聖書の第三の知恵の書である。ヨブ記のように、
この書もまた、箴言の教えるところの「賢い人」には報いが約束されると
いう、過度な楽観論に歯止めをかける役割を担っている。コヘレトの言葉
は謎かけのような書物で、議論の的になる書物である。[*1] しかしここでは、
聖書の中での箴言とコヘレトの言葉との対話に着目し、簡単な説明に留め
ておくことにしよう。

　コヘレトの言葉のおもな語り手は、「コヘレト」と呼ばれる人物である
（コヘ1:12-12:8）。エピローグに出てくる名前が不明の作者は、このコヘレ
トが知恵ある者であったと証ししている（12:9）。そうだとすれば、コヘレ
トは本来、繁栄に満ちた意義深い人生を送るはずである。しかし、コヘレ
トの言葉について少しでも知っていれば分かるだろうが、人生は「空の空」
という惨めで衝撃的な結論を語るのは、紛れもないこのコヘレトなのであ
る（1:2、2:1、15、19、3:19、5:9、6:11、7:6、8:10、14、9:9、11:8、12:8）。

　コヘレトの言い方の根拠をたどってみると、彼がこの結論に至ったのは、
因果応報の原理が現実の世界（「太陽の下」）で機能しないことに、おおかた
の範囲で気付いたからであることが分かる。

　　悪しき者にふさわしい報いを正しき者が受け
　　正しき者にふさわしい報いを悪しき者が受ける。（コヘ8:14）

　　空である日々に私はすべてを見た。
　　義のゆえに滅びる正しき者がおり

[*1] さらに詳しい説明は、Tremper Longman III, *Ecclesiastes*, NICOT (Grand Rapids, Mich.: Eerdmans, 1997)を参照。

悪のゆえに生きながらえる悪しき者がいる。（7:15）
後者の言葉には、やや驚きの助言が後に続く。

　あなたは義に過ぎてはならない。
　賢くありすぎてはならない。
　どうして自ら滅びてよかろう。
　あなたは悪に過ぎてはならない。
　愚かであってはならない。
　あなたの時ではないのに、どうして死んでよかろう。
　一方をつかむとともに
　他方からも手を離してはならない。
　神を畏れる者はいずれをも避ける。（7:16-18）

　つまり、知恵はコヘレトの期待に沿わなかった。知恵は彼の人生に喜びを
与えず、彼自身も知恵が死に打ち勝つ希望を持たなかった（「知恵ある者も愚
かな者も等しく死ぬとは　何ということか」[2:16]）。したがってコヘレトはついに、
知恵もまた空しいと宣言したのである（2:12-17）。しかし、コヘレトの結論
は書物としての結論とは異なる。第二の賢い人が現れ、コヘレトの言葉を用
いて「太陽の下」の考えは危険であると、息子に警告するのだ（12:12）。こ
の危険性は現実である。なぜなら、神から離れては人生は困難で、やがて死
に至るほかない。この書物が次の勧告で締め括られるのはそのためである。

　神を畏れ、その戒めを守れ。
　これこそ人間のすべてである。
　神は善であれ悪であれ
　あらゆる隠されたことについて
　すべての業を裁かれる。（12:13-14）

箴言と知恵の書との対話に耳を傾ける
　箴言で語られる知恵を、ヨブ記やコヘレトの言葉の知恵の会話に関連付

けていくと、聖書がいかに有機的な集合体であるかがよく分かる。確かに
各書物にはそれぞれ特徴的な強調点や役割があるので、まずは箴言のよう
に、個別の書物として学ばなければならない。しかし、それらの書物も、
聖書という大きな書物の一部分である。要するに箴言は単独では成立せず、
あくまで聖書の一章なのである。言い換えれば、各書物はその書物自体よ
りも大きい文脈の中にある。私たちが箴言を読んで、敬虔で賢い人は必ず
祝福に満ちた人生を送るという結論に至るとすれば、それは間違いである。
ヨブは確かに「潔白」であったが、恐ろしいほどの苦難を受けた。コヘレ
トは知恵ある者であったが、その人生は苦悩と疑問に満ちていたのだ。

　ヨブ記とコヘレトの言葉の教えは、私たちをもう一度箴言に立ち返らせ、
より念入りに読まずにはいられない思いにさせる。この書物のおもな解釈
に押されて、箴言でさえも、人生は白黒はっきりしないことを認めている
事実を軽んじてはならない。例えば、後に議論する内容であるが、多くの
箴言が永遠の富を賢い人と結び付けていながら、ある箴言では、富か知恵
かを選ばなければならない場合には、知恵を選ぶことがはるかに望ましい
と教えている（箴16：16）。

　ブルース・ウォルトキーは、レイモンド・ヴァン・ルーウェンと共に、この
ような「反論的箴言」について優れた書をまとめた。＊2　ウォルトキーは、
箴言は約束ではないと釘を刺している。一般原則として真実ではあるが、
すべての状況に当てはまるわけではない。怠け者はたいてい金持ちでない
ことが多いかもしれないが、必ずしもそうとは言えない。禁欲主義者、も
しくは一人の妻に忠実な男であれば、性感染症のキャリアである可能性は
低いが、これもまた絶対とは言えないのである。箴言が認識しているよう
に――またコヘレトの言葉とヨブ記が痛切に訴えているように――原則に
は例外が必ず存在する。それならば、個人の苦難を、その人の霊的または

＊2　この用語はウォルトキーによるもの。Bruce Waltke, "Does Proverbs Promise Too Much?" *Andrews University Seminary Studies* 34 (1996): pp.319-26を参照。加えて、それより前に発表されているRaymond van Leeuwen, "Wealth and Poverty: System and Contradiction in Proverbs," *Hebrew Studies* 33 (1992): p.25-36も参照のこと。Better-than proverbs と呼ばれる箴言は次の箇所：15:16-17; 16:8, 19; 17:1; 19:22b; 22:1; 28:6; 同様に10:2; 11:15; 13:23; 14:31; 15:25; 18:23; 21:6, 7, 13; 19:10; 22:8, 22; 23:17; 28:15-16, 27.

倫理的歩みを診断する材料にしてしまうのは酷なことである。

　ウォルトキーはさらに、箴言で語られる報いとは究極的には、人生を越えて与えられると理解する必要があると勧めている。物議を醸している論点ではあるが、箴言は、死後に関する堅固な教えであるという考えも視野にいれておきたい。[3] そして、正しい者と悪しき者に与えられる最終的な運命に関する新約聖書の完全なる教えの光が当たるとき、クリスチャンである私たち読者は、箴言の中に見る命と死の報いについて、より完全で豊かな理解を得ずにいられないのである。

さらなる考察のために

1. 本章で説明されたヨブ記の要点を自分の言葉で述べてみよう。その内容は、今まであなたがヨブ記から得ていた理解と合うだろうか？

2. ヨブは知恵についてどのような考えを持っていたか？ その考えは箴言とどう関係するだろうか？ 両者は同じ考え、正反対の考え、対立する考え、補い合う考えのうち、どれに当てはまるだろうか？ それはなぜだろうか？

3. ヨブ記を読むことは、あなたの箴言の理解にどう影響するだろうか？

4. あなたがより自然に親しみを感じられるのは、箴言とヨブ記のどちらか？ つまり、どちらがあなたが世の中のルールとして基本的に理解していることにより近いだろうか？

5. コヘレトは何に悩んでいるのか？ その悩みはあなたにもあるだろうか？

6. コヘレトの言葉のメッセージを念頭に置いて、箴言15章を読もう。今までの印象と変わるだろうか？

---

*3 ただしウォルトキーの説明はやや楽観的過ぎる。私は彼の議論を完全に受け入れてはいない（特に*hayyim*という言葉の文献学的コメントについて Ibid. p.328）。

7. 潔白でありながら苦難を受けたイエスは、潔白でありながら苦難を受けたヨブと、どう比較・対比できるだろうか?

8. コヘレトの悩みに対する答えが、キリストであるのはなぜか?

参考文献

Bartholomew, Craig. *Reading Ecclesiastes*. Rome: Pontifical Biblical Institute, 1998.

Longman, Tremper, III. *Ecclesiastes*. NICOT. Grand Rapids, Mich.: Eerdmans, 1997.

Waltke, Bruce. "Does Proverbs Promise Too Much?" *Andrew University Seminary Studies* 34 (1996): 319-36.

Van Leeuwen, Raymond. "Wealth and Poverty: System and Contradiction in Proverbs." *Hebrews Studies* 33 (1992): 25-36.

Zerafa, Peter P. *The Wisdom of God in the Book of Job.* Rome: Herder, 1978.

第8章

行動に移された『箴言』の知恵
―ヨセフとダニエル―

PROVERBIAL WISDOM IN ACTION:
JOSEPH AND DANIEL

　聖書は箴言の知恵の中で、古代の教訓を私たちに示しているが、中でも
ヨセフとダニエルの物語は注目すべきものである。彼らはそれぞれの方法
で知恵の原理を体現している存在として見ることができる。事実、最近の
研究者の間では、創世記37-50章とダニエル書1-6章を知恵の書として分
類すべきかどうかが議論されている。[1] しかし、これらが知恵の書であろう
となかろうと、これらの物語には、私たちが箴言から学んできた重要なテー
マが明確に照らし出されている。この章では、各書から物語を一つずつピッ
クアップし、その内容を検証していこう。

ポティファルの家に住んだヨセフ：創世記39章

　聖書にほんの少ししか触れたことがなくても、ヨセフの物語を知ってい
る人は多い。そこで、創世記39章の出来事に至るまでの状況については、
ごく簡潔に記すだけに留めておくとしよう。[2] 創世記37章で、ヤコブの息
子たちが紹介される。彼らは腹違いの兄弟で、母親はヤコブの妻であるレ

---

*1 James L. Crenshaw. "Method in Determining Wisdom Influence upon 'Historical' Literature," *Journal of Biblical Literature* 88 (1969): pp.129-42. さらに近年の論文として以下も参照。Michael V. Fox, "Wisdom in the Joseph Story," *Vetus Testamentum* 51 (2001): pp.26-41.
*2 創世記38章には、ユダとタマルの物語が一見ヨセフの物語の流れを遮るような形で語られている。ある意味、そのとおりたどっていると言えよう。しかし、創世記の締めくくりの部分はヤコブの息子たちに関する記述であるので、そのうち二人の息子の物語が主に語られているのである。

アとラケル、そして女奴隷のビルハとジルパである。ヤコブはラケルを他のどの女よりも愛していたので、この時点での唯一のラケルの子、*3 ヨセフも同様に愛した。ヤコブはヨセフに贈り物を与え特別扱いをし、えこひいきをしたので、他の兄弟たちはヨセフを憎むようになった。

　ある日、家から離れたところで、兄弟たちが父の羊の群れを世話していたところ、ヨセフを殺してしまう絶好の機会が訪れた。最終的に彼らは、ヨセフをイシュマエル人、あるいはミデヤン人の商人たちに売った。商人たちはヨセフをエジプトに連れて行き、ポティファルというエジプトの高官の家に売り渡した。

　こうして動き始める一連の出来事は、人間の視点から見ると、ヨセフが周りを取り巻く人々に見放され、虐げられているようにしか思えない。しかし、視点を変えて物語全体を見ると、神がそのしもべをエジプトの支配層へと巧みに導いておられることが分かる。これによって、後に神の家族は致死的な飢饉から救われるのだ。物語の結末においても、ヨセフは自身の歩みを神の視点から見つめ、ヤコブの死後、兄たちに向かってこう語っている。「あなたがたは私に悪を企てましたが、神はそれを善に変え、多くの民の命を救うために、今日のようにしてくださったのです」(創 50：20)。神は人の悪しき行いを、ご自身の贖いの目的のために用いられたのである。

　創世記 39 章は、このような神のドラマの良い例である。ポティファルがヨセフを買い取ると、その後、ポティファルの家は何をしても成功する。神がヨセフと共におられる——物語全体に響き渡っているテーマ——ので、神の祝福はポティファルの人生にも注がれた。そしてポティファルは、この有能な若い少年に、より一層の責任と権限を与えた。

　ところがある日、ヨセフが家でポティファルの妻と二人きりになったとき、彼女はヨセフを誘惑し一緒に寝ようと迫った（箴言の視点からこの物語を見ると、この女は箴言で言うところの「見知らぬ女」であり、まさに、具現化された「愚かな女」である）。ヨセフは、そんな彼女に目もくれず、彼女の夫が自分を信頼しているのだからと訴え、すぐにその誘いを断った。ここで、おそらくさらに重要なのは、彼が神を引き合いに出したことである。「一体どうして

*3 ベニヤミンは物語の後のほうで生まれる。

そのように大それた悪事を働き、神に罪を犯すことができましょう」(創39:9)。

　この言葉から、本書の3章で初めに学び、さらに11章で論じる淫らな女についての教えが思い起こされる。ヨセフが、箴言6章20‐29節の教訓を聞いた若い男であることをよく表している。

　　　子よ、父の戒めを守れ。
　　　母の教えをおろそかにするな。
　　　それを常に心に結び付け
　　　首に巻きつけておけ。
　　　それはあなたの歩みを導き
　　　床に就くときも守り
　　　目覚めればあなたに話しかける。
　　　戒めは灯、教えは光
　　　諭しのための懲らしめは命の道。
　　　それはあなたを悪い女から
　　　異国の女の滑らかな舌から守る。
　　　彼女の美しさを心の中で追い慕うな。
　　　そのまなざしに捕らわれるな。
　　　遊女への支払いは多くても一塊のパン
　　　人の妻は貴い命を貪る。
　　　人が火を懐に抱え込み
　　　衣を焼かれないことがあろうか。
　　　炭火の上を歩いて
　　　足にやけどをしないことがあろうか。
　　　友の妻と通じる者も同様。
　　　彼女に触れる者は誰も罰を免れることはない。

　しかしヨセフは、その従順ゆえに罰せられた。ポティファルの妻に不当に訴えられ、彼は主人の手によって投獄されることになる(箴言からはこれと反対の結末を期待するに違いない。本来、従順は祝福をもたらし、呪いをもたらすもの

ではない）。父から息子への箴言の教訓を守ったにもかかわらず、このような悲運に遭うのはなぜか。これは、物語のほんの始まりに過ぎない。

　監獄の中で、ヨセフはファラオの料理長と献酌官長とに出会う。この役職は、エジプト宮中でも高級官僚である。彼らは個人的な経験により、神がヨセフに夢を解き明かす知恵を授けておられることに気付く。二人はどちらも将来に関係する夢を見ていて、ヨセフがその夢を解き明かしたからだ。それは献酌官長がすぐにも解放されること、そして料理官長はパロの怒りの手によって死に至ると伝えたのだった。

　ヨセフの解き明かしは現実となり、二人の官僚はそれぞれの運命に旅立っていった。そのときヨセフは、彼らの主人に自分の状況を弁明してほしいと念を押していた。しかし、またもや期待どおりにはいかず、彼らはすぐにヨセフのことを忘れてしまった。ところが、ファラオ自身が夢を見たことで状況が動き出す。誰もその夢を解き明かすことができなかったからである。

　そのとき初めて、献酌官長はヨセフを思い出す。そしてヨセフはファラオの前に出て、夢の解き明かしをすることになった。ファラオは、その解き明かしに非常に感心したので、ヨセフを政治の重要な地位に置いた。これによって、ヨセフはエジプトを存続させ、ファラオの権力を急速に増大させたばかりか、より重要なこととして、飢饉に見舞われた故郷から来た家族に食料を与え、彼らと再会し、その結果、神の約束の恩恵を受ける人々を生かすことができたのである。

　確かにヨセフの人生は、箴言が書かれるよりかなり前の出来事である。伝統的に、創世記の執筆時期は箴言の執筆時期より前である。それでもなお、私たちは創世記39章に記録されている出来事を、箴言の見知らぬ女についての教えと照らし合わさずにはいられない。

　つまり、この旧約聖書の内容から、私たちは従順と報いの関係性が必ずしも機械的でないこと、そして即座に起こることでは決してないことを理解することができる。長い目で見れば、ヨセフの従順は驚くべき祝福に至ったが、短い目で見ると、監獄に至っている。しかし、何はともあれ、知恵の道こそが唯一の正しい道なのである。

ダニエル vs. バビロンの知者

　今日においてダニエル書は、おもに後半部分に記されている派手な未来の幻で知られている。ダニエル書1-6章の物語は、子どもたちの教会学校カリキュラムに欠かせない内容である一方、大人のクリスチャンにとっては、古代の複雑な預言を読み解くことに重点が置かれているようだ。このことは、二つの理由で残念である。一つは、預言は解釈的な推論をかき立てるためのものではないこと、*4 もう一つは、6章にじつに興味深い内容が含まれていることである。ここでは簡単に1章を検証し、続けて2章をより詳細に議論していきたいと思う。

　1章では、ネブカドネツァル王がエルサレムに圧力をかけ、服従の証しとしてユダの民たちに王の要求を呑むよう迫っている。それを拒むことは明らかに不可能であったため、彼らはバビロンの二つの要求に応じることになる。まず、バビロンに運ばれる神殿の祭具をネブカドネツァル王に差し出し、さらに数人の若く賢い少年たちを引き渡した。彼らは王と共にバビロンに移り、バビロンの教育を受けることとなった。このことは、古代中近東の世界において、宗主国（民族）が属国（民族）に求める典型的な要求であった。

　バビロンに連れて行かれた少年たちの中に、ダニエルと3人の友人がいた。この状況は、当然、彼らにとって危険を伴うものであることは言うまでもない。彼らはネブカドネツァル王の命令に服従し、外見上も忠誠心においても、バビロン人にならなければならないのである。彼らは養育された後、帝国に仕えることになっていた。

　私たちにはダニエルとその友人たちが、彼らの神に対する忠実を守り通す決意を固めていることが、すぐに明らかになる。しかし、それでも彼らは、この敵対的な文化の中で生き延びられるのだろうか？ 現状がどのようなものであろうと、神が支配者であり、ご自身の民を生かすばかりか敵国においても繁栄させてくださるということを証明する、その最初のエピソードがダニエル書1章に記されているのである。

---

*4 残念ながらここでは、ダニエル書全編、または前半のみでも詳しく解説することはできない。興味のある読者は以下を参照することを勧める。Tremper Longman III, *Daniel*, NIVAC (Grand Rapids, Mich.: Zondervan, 1999).

　ただしそのような結果は、簡単に得られたわけではない。そこに至るまでに多くの障害があった。その一つ目は、王が自分の食卓から豊かな食べ物を少年たちに食べさせるように要求したことである。彼らはそれを拒み、野菜と水のみを与えて欲しいと願い出た。これについては、コシェル (kosher) [i] を守る、偶像に捧げられた食べ物は食べない、政治的忠誠の拒否といった一般的説明は、書物全体を見ると一貫性に欠ける。[*5] 詳しく調べると、後に得た彼らの健康的な外見は王の食事によるものではなく、乏しい食事にもかかわらず豊かな力を与えてくださった神の力によることを彼らが示したかったことが分かる。[*6]

　ダニエルが、箴言的な意味で賢者と呼ばれるのは、障害があろうともうまく人生の舵を取り、感情をコントロールできた能力ゆえだろう。ダニエルがごちそうを食べるのを避けたいと願ったとき、宦官の長は、彼らの望む質素な食事を許可しなかった。その場合も、ダニエルは怒りや恐れや失望を表したり、癇癪を起こしたり意気消沈したりすることがなかった。それよりも、彼は時と状況を見極め、目標を達成するために他の手段を見つけたのである。物語のこの場面から、読者は冷静な人と衝動的な人についての箴言の教え、そして考える前に行動する人についての教えを思い浮かべることだろう。

　　怒りを遅くする人は英知を増す。

　　短気な者はますます無知になる。（箴14:29）

　　怒りやすい者は愚かなことを行う。

　　悪だくみをする者[*7] は憎まれる。（14:17）

　　知恵ある人は恐れを感じて災いから離れる。

　　愚かな者は激しやすく、うぬぼれが強い。（14:16）

[*5] 例えば、ダニエル書10:3は、ダニエルが王のごちそうを食べるようになっていたことを示唆している。

[*6] 繰り返すが、さらに詳しい説明は以下を参照。Longman, *Daniel*, pp. 51-54.

[*7] 私たちの知るところでは、ダニエルは悪を企む者ではない。彼の行為に悪意はない。この箴言の後半部分は、賢い計画と悪意のある企みとを区別している。

　ダニエルは、忍耐を貫けば望みどおりの結果を手に入れられるばかりか、時の権力者の豊かな憐（あわれ）みをも得ることができることを知っていた。箴言が与える助言にも、これと同様の知恵が見られる。

　　王の憤りは死の使い。
　　知恵ある人がそれをなだめる。（16：14）

　　心の清さを愛する人は
　　唇は上品で、王がその友となる。（22：11）

　　怒りを遅くすれば、指揮官も聞き入れる。
　　柔らかに語る舌は骨をも砕く。（25：15）

　ダニエルのとった解決法は、王のごちそうを運ぶ世話役に個人的に話し、彼らに野菜と水だけを持ってくるよう頼み、10日後にこの少年たちの顔色を見比べさせる、というものだった。もし彼らの顔色が悪く、弱っていれば、王の食事に切り替えるというのだ。これは多くの理由で非常に賢い策略である。何より世話役は、ごちそうを処分しなければならないし——おそらく自分の腹に“隠した”ことだろう——さらに世話役の行為は見つからず、逃げ道も確保されている。

　世話役が申し出を聞き入れたので、ダニエルと友人たちは野菜と水の他は何も食べなかった。そして10日後、4人はごちそうを食べているどの少年よりも健康的に見えた。王はこれに感心し、ついには彼らが宮で仕えることまで許した。そして、この一部始終のあいだ、ダニエルはその頑丈な身体が王の寛大な振る舞いによるものではなく、神の超自然的な介入によることを再確認したのである。ダニエルの知恵は、さまざまな障害物をかいくぐり、最終的に成功を収めたのだ。

　ダニエルが賢者として紹介されるのが第1章だとすれば、第2章はその知恵の深みが明らかになる物語である。このエピソードは、ネブカドネツァル王が夢を見るところから始まる。この夢は、王が眠れなくなるほど心を

騒がせる夢であった。当時の文化ではよくあったことだが、王は「魔術師、祈禱師、呪術師、カルデア人」（占星術師）たちを呼び寄せた（ダニ 2：2）。彼らは後にあるとおり「バビロンの賢者たち」と呼ばれていた人々である（2：12）。ダニエルと 3 人の友人も、古代バビロンの言語と文学の訓練を受けた身であるので、賢者の中に含まれるが、彼らは王が夢の解き明かしを命じたときに前に進み出なかった。

　ここまでは、当時の文化において予想どおりの流れである。しかし王は、ここで集められた面々に変化球を投げつける。王は夢の意味を求めるだけでなく、まずどのような夢を見たかを当ててみよ、と言うのである。これは、古代バビロン文化の知恵伝承には前例のない要求であった。通常は夢を見た者が、その解き明かし役に夢を伝え、それを元に、知者たちは書物を調べて夢の意味を説明する。＊8　しかし、ネブカドネツァル王は夢の内容を明かそうとしなかったので、解き明かしができなくなった。この前代未聞の状況に、賢者たちは次のように声を上げている。

　　「王様の言われることを示せる人は地上にはおりません。いかなる大王も権力者もこのようなことを魔術師、祈禱師、カルデア人に求めたことはありませんでした。王様のお求めになることは難しく、人間と住まいを共にしない神々のほかに、それを王様の前で示せる人はいません。」（ダニ 2：10-11）

　ネブカドネツァル王がなぜこのような要求をしたのか、物語の中には明確な答えがない。もしかすると、王は夢をぼんやりとしか覚えておらず、彼らにその内容を思い出させて欲しかったのかもしれない。だがおそらく、王は彼らを試したのだろう。ただ適当な作り話をでっち上げ、それに聞こえの良い説明を付け加えて伝えることは、容易なことである。しかし、実際に他人の夢の内容を言い当てるとなると、それは神の領域とのつながりを証明することになるのだ。

＊8　A. Leo Oppenheim, *The Interpretation of Dreams in the Ancient Near East* (Philadelphia：American Philosophical Society, 1956).

　賢者たちが王の要求に応じることができなかったので、ネブカドネツァル王は怒り狂い、バビロンのすべての賢者たちを死刑にするよう言い渡した。その中には、ダニエルと3人の友人も含まれていたのである。この旨を伝えようと、王の親衛隊長アルヨクが彼らの家にやって来たが、ダニエルは取り乱すことなく、しばらくの時間を与えて欲しいと願い出た。ダニエルは3人の友人のもとに戻り、彼らは神に祈った。この祈りに神は応えてくださり、4人に夢の内容とその意味を明らかにしてくださった。ダニエルがアルヨクにそのことを話すと、アルヨクは直ちに彼をネブカドネツァル王の前に連れて行った。そこでダニエルは、さまざまな金属で造られた像が王の夢に現れたことと、その像の暗示する将来について説明した。[*9]

　このエピソードは、バビロンの賢者たちの無能な知恵とダニエルの知恵との質の違いを明らかにしている。前者は資料や伝統に頼るばかりで、王の夢の内容を告げるのに何の役にも立たなかった。一方、ダニエルの知恵は神の啓示によって与えられた知恵であった。祈りの答えを神から得たとき、神に賛美を捧げている。この言葉は、箴言1章2-7節を思い起こさせる言葉である。

　　神の名が代々とこしえにたたえられますように。
　　知恵と力は神のもの。
　　神は時と時期を変え
　　王を退け、王を立て
　　賢者には知恵を、分別を知る者には知識を与えます。
　　神は奥義と秘義を啓示し
　　闇にあるものを知り、光が御もとに宿ります。
　　私の先祖の神よ
　　私はあなたに感謝と賛美を献げます。
　　あなたは知恵と力を私に授けてくださいました。
　　私たちがあなたに願い求めたことを
　　今、あなたは私に知らせ

---

*9 これについては次を参照。Longman, *Daniel*, pp.79-83.

王の言葉を私たちに知らせてくださいました。(ダニ2：20-23)

　つまり、神は知恵の神であり、その神はご自身の知識の啓示によって従順なしもべたちを救ってくださる。この2章のテーマは、人生の秘密は神の知恵によってのみ明らかになる、ということである。したがって、ダニエルが王の前に立ったとき、彼は決して自分の手柄を主張せず、このように言った。

　　「王様が求めておられる秘密を、賢者、祈禱師、魔術師、占星術師が王様に申し上げることはできません。しかし、秘密を啓示する神が天におられ、終わりの日に何が起こるかをネブカドネツァル王に示してくださいました。」(2：27-28)

さらなる考察のために

1. あなたも、ヨセフやダニエルが箴言の知恵の教えを表す良い例だと思うか？

2. 箴言14：19、16：1、9、そして特に16：33を読んでみよう。その後でエステル書を読み、これらの箴言の箇所と照らし合わせてみよう。どのような共通点・つながりがあるだろうか？

3. 箴言のどこか1章を選んでみよう。そこに記されている各箴言は、旧約聖書の他の箇所にある物語によって例証されるだろうか？　探してみよう。

参考文献

Longman, Tremper, III. *Daniel*. NIVAC. Grand Rapids, Mich.: Zondervan, 1998.
Rad, Gerhard von. "The Joseph Narrative and Ancient Wisdom." In *The Problem of the Hexateuch and Other Essays.* Edinburgh: Oliver & Boyd, 1966.

i　食物規定に則った食品。

第9章

『箴言』に神はおられるか？
WHERE IS GOD IN PROVERBS?
神の知恵の宝であるキリスト
Christ, the Treasure of God's Wisdom

　旧約聖書と新約聖書との関係性は、重要であると同時に議論の的でもある。賢明で博識な学者たちでさえ、旧新約聖書の具体的な関係について異なる立場を取っている。ある人は、旧約聖書を新約聖書の光に照らして読むことは、まったくもって間違いだと言う。そもそも新約聖書は、旧約聖書の最も新しい書物から数えて何世紀も後に執筆されている。その新約聖書のメッセージを古代文書に当てはめて読むとしたら、旧約聖書の証人たちである祭司、預言者、知恵の教師の教えがゆがんだり、不明瞭になったりしかねない。その一方で、旧約聖書は決して単独で読むのではなく、必ず新約聖書というレンズを通して読むべきだ、と主張する人もいる。

　旧約聖書全体について真実であることは、箴言についても当てはまる。例えば、箴言の時代背景などを毛頭気にせず、あたかも昨日書かれた文章であるかのように読む人がいるかもしれない。または、箴言の教えを新約聖書の内容から完全に切り離して読む人もいるだろう。

　このような議論によくあることだが、真実は両極の間に存在するものである。教えの完全性を守るためには、まずその書物が書かれた古代の歴史的背景を理解し、当時の読み手（聴き手）がその言葉をどのように理解したかを考察する必要がある。例えば、知恵の女と愚かな女のどちらかを選び取ることが何を意味するか、彼らは理解していた。事実、それは生死を分

ける選択であり、まことの神である YHWH（ヤハウェ）と偶像（具体的にはバアルやアシェラ）のどちらかを選ぶ選択であった。

　しかし、そこまで至りながら、クリスチャンが箴言を、新約聖書の光に照らして読み進めようとしないのは理解しがたい。イエスご自身も、ルカによる福音書24章で、復活後に二度御姿を現し、このような旧約聖書の読みかたを勧めておられる。一度目は、エマオへの道で2人の弟子たちと出会ったときである。主の死によって、彼らの望みがつい果て、そのことでどれほど彼らが取り乱しているかをイエスは知った。弟子たちは、彼らに同行しているのが主と気付かないが、主は彼らの嘆きに応えて語られた。

　　「ああ、愚かで心が鈍く、預言者たちの語ったことすべてを信じられない者たち、メシアは、これらの苦しみを受けて、栄光に入るはずではなかったか。」そして、モーセとすべての預言者から始めて、聖書全体にわたり、ご自分について書いてあることを解き明かされた。

（ルカ24：25-27）

　そして、この福音書の少し後の箇所で、イエスは再び語られる。そこでは、弟子たちにさらに多く語りかけている。

　　「私がまだあなたがたと一緒にいたときに、語って聞かせた言葉は、こうであった。すなわち、私についてモーセの律法と預言者の書と詩篇に書いてあることは、必ずすべて実現する。」そしてイエスは、聖書を悟らせるために彼らの心を開いて、（言われた。）（24：44-45）

　つまりイエスは、旧約聖書全体がご自身の受けるはずの苦しみと栄光を予期していた、と解き明かしておられる。

　視点を変えると、イエスがこの世に来られたことで、イスラエルの聖なる書物の、より深い意味が現されたと見ることもできる。その深い意味は、決してそれまで隠されていたとか、謎めいた暗号や言葉に置き換えられていたとかいうわけではない。イスラエルのメシヤ（救い主）の到来は、イエ

スが来られる前からはっきりと預言されていた。しかし、イエスが来られたことで、それまでの啓示がより鮮明になったのである。

　誤解を恐れず例えるなら、この現象は殺人ミステリーの筋書きに近いかもしれない。物語の前半は、それだけで筋の通った話として進むのだが、終盤に近づくにつれて事件の解決が視野に入ってくると、物語の前半にも、新しい、より深みのある意味が現れ始めるのである。初めに読んだときには気付かなかったヒントや伏線が後半でいかにも生々しくはっきりと飛び出してくるのだ。

　もう一つ、気をつけて読んでいただきたいが、さらに踏み込んだ例えとして、1999 年の映画、『シックス・センス』を挙げてみよう。高評価を得たこの作品は、ブルース・ウィリス演じる主人公の心理学者が、死人の姿が見えて苦しんでいる少年と関わりを持つ物語である。ウィリスはこの少年に憐みをもって寄り添うが、少年の見ているものはあくまで幻覚だと考えている。その一方で、ウィリスは強盗に殺されそうになって以来、妻との距離が開いていくといった個人的な悩みも抱えている。展開するにつれて物語は、すべてのつじつまがピタリと合うようにひも解かれていくのだが、最後に、ウィリス自身がすでに死んでいた事実が明らかになることで、物語は新たな意味を持つことになる。彼は強盗に殺されそうになったのではなく、殺されていたのだ。彼が妻と疎遠になっていると感じていたのは、心理的な問題ではなくスピリチュアルな問題であった。すなわち、彼と妻との間には生死の隔たりがあった。この意外な展開に観客は仰天させられるが、からくりを知ってしまった後は、初めて観たときと同じようにはもう前半部分を解釈することができなくなる。脚本が成功を収めたのは、そのストーリーに二重の意味を持たせたことに尽きるだろう。

　この例えは完璧ではない。なぜなら、前述したように、古代における旧約聖書の読み手（聞き手）たちはすでに、メシヤの到来を待ち望んでいたからである。しかし、イエスが実際に来られた瞬間、彼らの思い描いていたものがさらに鮮明になった。メシアの苦しみや十字架の死は誰も予期していなかったが（特に、イエスの十字架刑に対する福音書に記された反応をつぶさに読むと、それは明らかである）、十字架が現実になると、旧約聖書の預言すべてが

突如鮮明になったのである (イザ 53 章も含め)。
　長々と説明したが、このような解釈理論、または解釈学における中心的課題は、私たちが箴言を読み解くという次のステップに向かううえで、非常に重要になってくる。箴言は、キリストを予期しているか否か。まずは、8 章に注目してみよう。

知恵の女を詳しく読み取る：箴言 8 章
　箴言 8 章 22-31 節には、天地創造になくてはならない存在として、知恵が関与していたことが描かれている。

　　主はその道の初めに (*re'sit*, レーシート) 私を造った (*qanani*, カーナーニー)
　　いにしえの御業の始まりとして。
　　とこしえより、私は立てられていた (*nissakti*, ニッサクティー)
　　太初より、地の始まりから。
　　まだ深淵 ($t^e homot$, テホーモート) もないとき
　　私は生み出されていた (*holalti*, ホーラールティ)
　　大いなる原初の水の源もまだないときに。
　　山々もまだ据えられず、丘もないとき
　　私は生み出されていた (*holalti*, ホーラールティ)。
　　神が、まだ地も野も
　　この世界の塵(ちり)の先駆けさえも
　　造っていなかったとき
　　神が天を確かなものとしたとき
　　私はそこにいた。
　　神が深淵の上に蒼穹(そうきゅう)を定めたとき
　　神が上にある雲を固めたとき
　　深淵の源に勢いを与えたとき
　　この原初の海に境界を定め
　　水が岸を越えないようにして
　　地の基を定めたときに。

> 私は神の傍らで腕を振るう者（'amon, アーモーン）となり
> 日々、神を喜ばせ
> いつの時も御前に楽しむ者となった。
> 神の造られたこの地、この世界で楽しみ
> 人の子らを喜ばせた。

　この壮大なる詩は、天地創造における知恵の役割を反映している。この詩に関して指摘すべき事柄は多くあるが、最も重大な解釈的誤用が起こるとすれば、その文学形式を見落とすことにあるだろう。この詩は非常に比喩的な構成になっている。したがって、厳密に文字どおりに読むべきではない。そのように読んでしまうと、本来の文脈を見失うばかりか、後に引用されるときに大きな神学的ダメージをもたらしてしまう（本章 p.125、**神の知恵であるイエス**参照）。

　知恵の女が、擬人化された神の属性としての知恵であることはすでに確認した。この箇所は、宇宙の創造が成されたのは、初めから存在していた神の知恵によるものだ、ということを示している。創造に関する知恵の言語にはじつに力強いメタファーが用いられ、神の知恵が他の何ものよりも以前に存在したと証言している。これらは比喩表現であり、知恵は独立した人格的存在ではない。これが挑発的な表現であることは疑う余地がなく、ユダヤ教やキリスト教の一部の少数派では、知恵を独立した神の存在、さらにはヤハウェの花嫁とも捉える見解もあった事実に基づく。

　このような立ち位置に対抗して、詩に用いられている言葉を、上述した訳ではなく、一神教的解釈による違った理解に当てはめようとする者もいる。例えば一部の解釈者は、ここで「私を造った」と表現されている動詞カーナーニー（*qanani*）を、同じ音を持つ「私を獲得した」という意味の語を起源としていると理解する。私の意見では、この訳は強引で行き過ぎである。この文章はあくまでも詩であることを忘れてはならない。

　この詩は、非常に力強い。言葉の一つひとつが、創世記１章を思わせる。冒頭の「主はその道の初めに（*reshit*、レーシート）私を造った」という節は、聖書の一番初めの言葉、「初めに（*b^ereshit*、ベーレーシート）神は天と地を創造

された」（創１：１）を思い起こさせる。後に詩人が、「まだ深淵もないとき　私は生み出されていた」と記すところも、「深淵（t^ehomot, テホーモート）」は「神の霊が水（t^ehom, テホーム）の面を動いていた」（１：２）の繰り返しになっている。海に境界を定め、その水が岸を超えないようにしたのは（箴８：29）、水を一か所に集め、乾いた地が造られた第３日（創１：9-13）を想起させる。並行的な表現は他にも続き、知恵と天地創造の密接した関係を示している。

　実際、知恵のみがそこに存在していたのではないが、天と地が誕生したとき、知恵は確かにそれに関与していた。私見では、NLT訳が箴言８章30節の珍しいヘブライ語アーモーン（*amon*）という言葉を、「設計する者（architect）[1]」と訳したのは的確である。世界が形造られたのは、神の知恵によるものであったのである。

　これについては別の章でさらに詳しく論じるが、一つ注意点がある。誰でもこの世界を見渡すとき、それが箴言の本来の読み手（聞き手）であろうと今日の私たちであろうと、少なくとも　見して、この世界が知恵によって創造されたとは考えにくい。むしろ混乱が秩序をむしばんでいる世界である。日常のごくささいなことで言えば、ゴミ出しや洗濯、汚れた床の掃除に終わりはない。最も壮大な事象で言えば、竜巻や地震、貧困や孤独、そして死がある。しかし創世記１章と、それを反映する箴言８章22-31節は、この世界が無秩序には造られていないことを示している。神はご自身の知恵によって、ご自身が喜ぶことのできる秩序を創造してくださった。そしてこの知恵は、双方向に喜びをもたらす。すなわち知恵は、神と喜び（あるいは戯れ）、また人とも喜んだ。

　　　私は神の傍らで腕を振るう者となり
　　　日々、神を喜ばせ
　　　いつの時も御前に楽しむ者となった。
　　　神の造られたこの地、この世界で楽しみ
　　　人の子らを喜ばせた。（箴８：30-31）

---

[1]　アッカド語の同語言語、*ummanu*に基づく。他の解釈案に"nursling"など。参照・Michael V. Fox, *Proverbs* 1-9, Anchor Bible (Garden City, N. Y.: Doubleday, 2000), pp. 285-86.

天地創造と知恵のつながりは、被造物の秩序が完全には崩されていないことを確信させている。したがって、箴言の教えるとおり、良い生き方、賢い生き方とは、被造物と調和した生き方なのである。私たちはこの被造物についてよく学び、そこに罪による断絶を認識し、人生の的確な舵取りを見いだすのである。

神の知恵であるイエス

　福音書　宣教を始められる前からイエスは、知恵ある者として福音書の執筆者たちの興味を引いていた様子が見られる。イエスの誕生と幼き日の姿を記している二つの福音書のうち、ルカによる福音書はイエスの知恵に特に関心を示している。例えば、イエスの誕生の後、ルカはこの幼子の身体的な成長に加えて、「知恵に満ち」「知恵が増し」（ルカ2：40、2：52）と二度も書き記している。そしてこれらの箇所の間に、キリストの知恵を示すエピソードが挟まれている。そしてこのエピソードも、若いイエスの知恵に関係する数少ない記録である。

　ごく一般的なユダヤ人の親と同様、マリヤとヨセフも過越しの祭りのために、毎年エルサレムに息子を連れて行った。イエスが12歳のときも例年のように出かけていったが、ナザレへの帰路についたとき、イエスが一緒にいないことに気付いて両親は慌てふためいた。不安を胸に抱え、急いでエルサレムへ引き返し、三日間死に物狂いでイエスを探した。そして、ついに彼らは、神殿にいるイエスを発見するのだ。「……イエスが神殿の境内で教師たちの真ん中に座って、話を聞いたり質問したりしておられるのを見つけた」（2：46）とある。イエスの話を聞いていた人々は「イエスの賢さとその受け答えに驚嘆していた」（2：47）。イエスはただ話していたのではない。当時の指導的立場にある神学者たちと議論を交わしたばかりか、彼らのほうがイエスの意見に聞き入っていたのである。ここに、神の知恵を授かった子どもの姿が見られる。

　イエスがご自身の宣教を始められたとき、人々はイエスを賢い教師として認めていた。マルコによる福音書に記されているイエスの教えに対する最初の記録には、このような人々の反応が見られる。「一行はカファルナウ

ムに着いた。そして安息日にすぐ、イエスは会堂に入って教えられた。人々
はその教えに驚いた。律法学者のようにではなく、権威ある者のようにお
教えになったからである」(マコ1:21-22)。後にナザレにおいても、イエス
の子ども時代を知る人が、「この人は、このようなことをどこから得たのだ
ろうか。この人の授かった知恵と、その手で行われるこのような奇跡は一
体何か」(6:2) とその賜物を認めている。

　イエスの教えの最大の特徴であるたとえ話は、知恵の教師としてのレパー
トリーの一つであった。実際、例え話を表すギリシャ語の言葉 (parabole、
パラボレー) はヘブライ語の言葉 (mashal、マーシャール) から訳されたもので
ある。まさにイエスこそは、1世紀を代表する知恵の教師といっても決し
て過言ではない。

　イエスはご自身の知恵を自覚しておられ、その知恵を拒む者を咎めた。
ルカによる福音書11章31節でも、イエスは群衆に対してこう語られた。「裁
きの時には、南の女王が今の時代の者たちと共に復活し、彼らを罪に定め
るであろう。この女王はソロモンの知恵を聞くために、地の果てから来た
からである。だが、ここにソロモンにまさるものがある。」ii

新約聖書の書簡　イエスは知恵ある者 (ソロモンに優るほどの知恵者) だと
示した福音書に対してパウロは、イエスが単なる知恵ある者だけでなく、
神の知恵がまさに受肉した存在であると断言した。パウロは2度、イエス
を神の知恵に結び付けている。まず一コリント書であるが、この箇所は後
でもう一度着目することにしたい。パウロの言葉はこうである。「キリスト
は、私たちにとって神の知恵となり、義と聖と贖いとなられたのです」(一
コリ1:30)。二つ目はコロサイ書2章3節である。パウロはここで、「知恵
と知識の宝はすべて、キリストの内に隠されてい」ると語っている。この
ような背景から、新約聖書がイエスと知恵の女 (特に箴言8章における女の描写)
を、さりげなく関連付けるのは驚くに当たらない。

イエスと知恵の女　マタイによる福音書11章で、禁欲者であったバプテ
スマのヨハネと比べて、イエスは生活が派手すぎると批判する者たちに、イ
エスが語られる場面がある。その言葉の最後の表現に注目していただきたい。

「ヨハネが来て、食べも飲みもしないと、『あれは悪霊に取りつかれて
いる』と言い、人の子が来て、食べたり飲んだりすると、『見ろ、大食
漢で大酒飲みだ。徴税人や罪人の仲間だ』と言う。しかし、知恵の正
しさは、その働きが証明する。」(マタ11:18-19)

この最後の一文で、イエスはご自身の行いは知恵の女の行いを反映してい
ると述べられた。

新約聖書の他の箇所でも、イエスは箴言8章を連想させる言葉で説明し
ている。コロサイ書1章15-17節はその一例である。

　　御子は、見えない神のかたちであり
　　すべてのものが造られる前に
　　最初に生まれた方です。ⅲ
　　天にあるものも地にあるものも
　　見えるものも見えないものも
　　王座も主権も
　　支配も権威も
　　万物は御子において造られたからです。
　　万物は御子によって、御子のために造られたのです。
　　御子は万物よりも先におられ
　　万物は御子にあって成り立っています。

　箴言から直接引用された言葉ではなくとも、パウロのように旧約聖書に
精通した者がこの箇所を読めば、イエスが知恵に取って変わる存在である
ことが分かる。事実、この箇所のギリシャ語を直訳すると、英訳の「He
is supreme over all creation（すべての造られたものにまさる方）」ⅳ は「He is the
firstborn of all creation（すべての造られたものより先に生まれた方）」となる。[*2] 箴
言8章で、「先に生まれた」のは「知恵」、そしてコロサイ書で「先に生まれた」
のはイエスであることを、ここで読者が比較するようにとパウロが促して

───────────
＊2 NLT脚注を参照。

いるのである。箴言において知恵は、神による天地創造の執行者であった。そしてコロサイ書では、キリストが執行者であられる。箴言8章にはこう記されている。

> 私によって王はその職務をなし
> 君主は正しい掟を定める。
> 高官、自由な身分の人、正しい裁き人は皆
> 私によって治める。(8:15-16)

　さらに、コロサイ書1章16節には、「王座も主権も　支配も権威も」、キリストにあって造られたと書かれている。ここから得られるメッセージは明確である。すなわち、キリストは知恵の女そのもの、ということである。
　黙示録の作者もまた、知恵とイエスの関係性を証ししている。ラオディキアの教会に宛てた手紙の冒頭に、このような言葉がある。「アーメンである方、忠実で真実な証人、神に造られたものの源である方が、こう言われる」(黙3:14)。最後のフレーズ(*hē arxē tēs ktiseōs tou theou*、ヘー　アルケー　テース　クティセオース　トゥー　セウー)は、箴言8章22-30節の内容と共鳴するものである。むしろ、箴言8章30節の「腕を振るう者(*'amon*, アーモーン)」という難解な言葉を、このフレーズが説明しているとも言えるだろう。何気ない暗示ではあるが、その意味は明らかである。イエスは、知恵の女として立っておられるお方である。
　さらにかすかな暗示として、ヨハネによる福音書の有名な冒頭部分でも同じように、箴言8章の知恵の女の詩を思い起こさせる言葉が用いられている。神の言(ロゴス)、その言は神であった(ヨハ1:1)。「この言は、初めに神と共にあった。万物は言によって成った」。確かに、「世は言によって成った」。イエスは当然この「言」であり、知恵の女を思い起こさせる言葉として表現されている。

警告：詩文として扱うべし

　ここで、知恵とキリストの結びつきの重要性について議論を深める前に、

警告しておくべきポイントがある。この警告は、キリストと知恵との関係に対する基本的な誤解が、神学的に最も有害な結果を招いていることに向けられている。一言でいえば、箴言8章の比喩的な性質と、新約聖書の箇所との関係を忘れてはならない、ということである。

　私はここで、知恵の女が単なる比喩的表現にすぎないと言っているのではない。そうだとすれば、比喩はじつに弱く、最も誤解を生みやすい表現になってしまう。比喩は本来、そこにある意味を力強く伝える表現方法である。二つのまったく違ったものを比較し、特別な共通点を際立たせる。根本的に異なるものを二つ照らし合わせることで、比喩は本来、読者に衝撃を与えて注意を引き、真のつながりがどこにあるのかを考えさせるのである。

　主を「私の父」と呼ぶが、まさか本当の父ではない。私（著者）には、私を愛してくれるすばらしい父がいる。私の父について、彼の成し遂げたことやその人格の良い面について書くなら、容易にこのページを埋め尽くすことができる。しかし、私の知る父は過ちも犯した。複雑な心臓のバイパス手術も受けたし、押し付けがましくて理不尽な面もある。したがって、主は私の父や他のどの父とも同じと見なされるべきではない。しかし、「主のどのような面が、私の父と言えるか？」と自分自身に問いかけるなら、この比較に意味が生まれる。この場合、私は、肉体的にも霊的にもすべての必要を満たしてくれた私の父を思う。また、私や母、姉妹への父の愛情を思う。父は私たち家族のためにどれほど人生を尽くしたことか。たとえ悪い父親を持つ人であっても、良い父親がどのようなものかは大体分かるものである。このような父に対するイメージが、父なる主という比喩をひも解く助けになるのである。

　箴言8章は、主を知恵という名の女と結び付けている。ここまで見てきたように、この比喩によって私たちは神について、また神と私たちの関係について、その豊かさを教えられる。しかし、神＝知恵の女ではない。8章のこの比喩を用いて、神は女性であると教えてはいけないし、反対に神を王、父、戦士と呼ぶことから、神は男性だと主張すべきでもない。同じく、神は唯一であるという聖書の教えに反して、世界の初めに独立した別の神

が存在していたとこの８章を用いて論じるのも的外れである。

　イエスが新約聖書において、ご自身を知恵と結び付ける場面を読むとき
も、このことを決して忘れてはいけない。知恵の女は、三位一体の子なる
神の受肉前の姿ではない。イエス＝知恵と定義付けることはできないので
ある。イエスを、「すべての造られる前に　最初に生まれた方」と表現する
言葉もまた、イエスも被造物であったと字義どおり解釈してしまってはい
けない。しかし――極めて重要なことだが――新約聖書におけるイエスと
知恵の女との結び付きは、イエスがまさに神の知恵を具現化する存在であ
ることを示す、力強い表現なのである。

再び突きつけられる選択肢

　イエスを神の知恵の具現化として捉えることは、クリスチャンが箴言１-
９章を読むうえで重要な意味合いを持ってくる。間違ってはいけないのは、
二人の女の選択を、その古代の条件で理解してしまうことである。つまり、
ヤハウェと偶像（具体的にはバアル）のどちらを取るか、という選択である。
しかし、新約聖書を読んでいる私たちは、当時とまったく同じ感覚で旧約
聖書を読むことはできない。私たちはすでに神の知恵であるイエスを知っ
ている。知恵の女と親しく交わるという選択は、イエス・キリストとの関
係をスタートすることを意味するのである。

　その逆もまた然りである。21世紀において、私はバアルに従いたい、と真
剣に宣言する人など一人もいないだろう。では愚かな女は、もはやヤハウェ
に対する礼拝の妨げとして存在しないだろうか？　もちろんそうではなく、愚
かな女は現代も私たちを脅かしている。ただし、その姿を変えているのである。

　古代・現代にかかわらず、偶像礼拝とは、あらゆる被造物のごく一部を
切り取り、それを創造主として祀りあげることである（ロマ１：21-23）。旧
約聖書で神の民は、度々偽りの神々を崇めて道を踏み外した。偽りの神々
は、ある一面では空しく、無で、実体がない。しかし、別の角度から見ると、
これらの神々に力があったという記述が、聖書の随所に散りばめられてい
る。出エジプト記においても、杖を蛇に変えるなど、モーセが初めに見せ
た比較的簡単な奇跡をまねして見せることができた（出７：1-13）。しかし最

終的に神は、このエジプトの神々を災いによって滅ぼされた（12：12）。

　新約聖書を読むと、神についての理解が深まるだけでなく、この世にまん延する暗闇の力をより深く知るようになる。では、現代の生活の中で、愚かな女に当てはまるものは一体何か。バアルではないとすれば、私たちがイエスより大切に思う物、または人物となるだろう（金銭、権力、快楽、依存症）。このような偶像の背後には、サタンや悪魔という人格的な存在、超自然的な力が働いている。したがって、箴言9章では、具現化された知恵の女と愚かな女、すなわちイエスと悪魔のどちらと食事をするかという選択が、私たちに突きつけられているのである。

知恵の女の影

　私たちは箴言1-9章を吟味するに当たって、この書物全体の神学を問うてきた。そこで確認したことは、後半部分（10-31章）にある箴言の一部分を、単なる経験に基づく人間的な助言として私たちが扱いがちなことである。例えば、次のような箴言が挙げられる。

　　知恵ある子は父を喜ばせ
　　愚かな子は母の悲しみとなる。
　　不正に得た宝は役に立たず
　　正義は人を死から救い出す。
　　怠惰な手のひらは貧しく
　　勤勉な手は豊かになる。
　　悟りを得た子は夏のうちに集め
　　恥をもたらす子は刈り入れ時に居眠りをする。（10：1-2、4-5）

　念のため言っておくと、ここで飛ばした一節にあるように（10：3）、時には神についても触れられている。

　　主は正しき者の魂を飢えさせず
　　悪しき者の欲望を退ける。

とはいえ、やはり箴言 10-31 章に見られる単独かつ端的な戒めには、神の特別な啓示のような価値がないように思えるし、それらがヤハウェとどのようなつながりを持つのかも示唆されていない。ただ世の中をどう渡っていくべきかといった正しい視点からの観察、または賢者の助言のようなものが与えられているだけのように感じられる。私がここで箴言 10 章 1-6 節を引用したのは、単にこの箇所が後半部分の初めの例であるからであって、10-31 章の他のどの箇所を引用したとしても、同じような見解になるだけだろう。

しかしながら、箴言 1-9 章をつぶさに調べてきた私たちにとって、書物の後半部分に出てくるどの箴言も、それらを完全に世俗的なものとして捉えることができないのもまた明らかである。箴言は、その書物全体が神学にどっぷり浸かっているのだ。格言的な言葉は、知恵の女、つまりヤハウェと読み手との関係を測る温度計、そして命令や忠告は、実際、知恵の女自身が与える命令や忠告なのである。

つい先ほど引用した箴言を例に挙げてみよう。

　知恵ある子は父を喜ばせ
　愚かな子は母の悲しみとなる。

この言葉には、表面的には見えない戒めが隠されている。直接的な命令文ではないが、これを読む者に、父母との関係について考察させる効果がある。この一節については、こう解釈することができるだろう。私がもし両親を喜ばせているなら、私は知恵を得ている。それは、私の態度が、私と知恵の女との親しい関係、つまりヤハウェへの従順を証明している、ということである。クリスチャンとして言うならば、私は神の知恵の宝、すなわちキリストと共に歩んでいることを示す。あるいは、真逆の結論に至ることもあるかもしれない。もし私が両親を悲しませているなら、私は愚かな女の腕の中にいるということになる。これを、知恵の女と愚かな女が競い合って愛を勝ち取ろうとする比喩の世界にまで視点を広げるなら、愚かな息子である私は、姦淫の心を持っていることになる。これを新約聖書

の視点で解釈すると、私はまさに悪魔と結託していることになるのである。

さらなる考察のために

1. この章で考察された旧約聖書と新約聖書の関係について、あなたの言葉で説明してみよう。あなたはこの説明と同じ考え、または違う考えをしているだろうか？

2. イエスと知恵の女とは、どのような関係にあるだろうか？

3. なぜイエスは「賢い」とされるのだろうか？ また、イエスはどのように私たちを「賢く」するだろうか？

4. 旧約聖書で神に対して女性の比喩を用いるのに違和感を感じるか？ その理由を述べよ。

5. 愚かな女は偶像を表し、私たちがその偶像を崇めるよう誘惑してくる。あなたの人生において、誘惑となっている偶像は何だろうか？

参考文献

Longman, Tremper, III. *Reading the Bible with Heart and Mind*. Colorado Springs, Colo.: NavPress, 1997.

Witherington, Ben, III. *Jesus the Sage: The Pilgrimage of Wisdom*. Minneapolis: Fortress, 1994.

i. JLB では表現が異なり、「(神様と) 働き」(箴8：30) となっている。聖書協会共同訳では「腕を振るう者」、新改訳 2017 では「組み立てる者」、口語訳では「名匠となり」。

ii. 英語の原文では NLT が引用され "–and you refuse to listen to him" とある。JLB には最後に、「(それなのに、だれ一人見向きもしません。)」とある。

iii. NLT では He…is supreme over all creation とある。

iv. 本文中の日本語訳は訳者によるもの。

第 3 部

『箴言』のテーマをたどる

FOLLOWING THE THEMES
IN PROVERBS

第10章

『箴言』の多様なテーマを学ぶために
How to Study Themes in Proverbs
お金について
Money Matters

　箴言を読んでいると、さまざまな題目に関する明快な助言を次々に浴びせられる。たとえこの書物が、何らかの深いレベルで、または付随するキャッチコピーによって整理されたとしても（そう考える人も実際いるが）、それは読者の助けにはならないだろう。箴言を読み慣れている人もそうでない人も、トピックの多様さと、明らかに規則性のない順序にはお手上げ状態になってしまう。選集、または格言集としても、箴言には重複している言葉やほぼ重複に近い表現が数多く見られる（例：箴 19：5 と 19：9）が、これは箴言が長い年数をかけて一つ以上の資料を元に作成されたことを示唆している。[*1]
最終的な編集者は、近代西洋の論理に訴えるような順序にまとめることに興味がなかったようである。[*2]

　古代の賢者は箴言という書物を熟知していただろうから、状況に関連づけて適用すべき箴言を思い起こすことができた。しかし、私たちは、この書物の中で扱われているテーマやトピックを取り上げ、それに関連する箴

---

*1 これについて、さらに詳しい解説は次を参照。Daniel C. Snell, *Twice-Told Proverbs* (Winona Lake, Ind.: Eisenbrauns, 1993).

*2 ここではあえて議論を展開しないが、箴言に深い組織的構造を見いだそうとする最近の傾向に私は納得していない。最近の例で、さまざまな箴言の構造をまとめている文献は次のとおり。K. Heim, *Like Grapes of Gold Set in Silver: An Interpretation of Proverbial Clusters in Proverbs 10:1 – 22:16* (Berlin: Walter de Gruyter, 2001).

言を切り分け、グループにして学ぶことが有用である。おそらく、これは現代の思考パターンに譲歩した結果だろう。私たちは整理され系統的に分類されたものを好む。しかし、トピックに分けて学ぶとき、私たちはこの書物に、調和や論理的なスタイルを求めすぎないよう気を付けなければならない。つまり、これまで説明してきたような箴言の性質をそのまま保つよう心がけ、同じ主題の箴言が互いに矛盾しているように感じられても驚くべきではない。すでに確認したように、箴言の適用は、状況やそれに関わる人によって変化するからである。

　ここで取り上げるテーマは、お金である。お金という言葉は、箴言の執筆時期（付録 1 を参照）によっては時代錯誤と取られるかもしれない。お金が硬貨という形になって普及したのは、旧約聖書時代でも、かなり後の時期になってからである。硬貨はペルシャ帝国が発明したもので、当時帝国は、アレクサンドロス大王によるギリシャ支配が始まった紀元前 6 世紀後半から紀元前 333 年まで、パレスチナを含む古代近東全域を包囲していた。しかし、歴史の始まる前から、人々は品物や貴金属、牛や羊などの家畜、その他作物などを用いて物々交換をしていた。

　まずは富と貧困*3 という主題について、箴言の教えの概要を見ていくところから始めよう。箴言がこのテーマに費やしている割合からすると、書物全体の中でも重要なテーマの一つであることは明らかである。この他のおもなテーマを挙げると、女との正しい関係（この書物は、もともと男性に向けて書かれたことを忘れずに）、賢い言葉の使い方、そして知恵そのものについてである。

　箴言をテーマごとに学ぶメリットは、少なくとも二つある。第一に、どのような読者でも本文全体に関わることができ、より深いレベルで本文と対話し、人生の舵の取りかたについて重要な原則を学ぶことができる点である。第二には、箴言が扱うさまざまなトピックについて、興味深い一連の学びや説教材料として取り入れることができる点である。ただし、いず

*3 この重要なテーマは、これまでも学者たちによって扱われてきており、それらすべてに賛同するわけではないが、私が読んで刺激を受けた以下の文献を紹介しておきたい。R. N. Whybray, *Wealth and Poverty in the Book of Proverbs* (Sheffield, U. K.: JSOT Press, 1990)、Harold C. Washington, *Wealth and Poverty in the Instruction of Amenemope and the Book of Proverbs*, SBLDS 142 (Atlanta: Scholars Press, 1993).

れの場合も、その学びの内容が単なる道徳的原則や実践的原則をリストアップするだけのものになってしまわないよう、注意する必要がある。なぜならそれは、箴言と聖書全体に流れる神学的文脈から外れて本文を読んでしまうことになるからである。前にも確認したように、文脈の中で読むことは、聖書的理解を得るための基本原則と言える。

手順

このような学びをするに当たっての最初のステップは、書物全体に目を通し、取り上げようとしているトピック——ここでは富と貧困——に関する箇所をメモしていくことである。このように言うと機械的な作業に聞こえるが、決してそうではない。少なくとも、機械的な作業で終わることはまずない。箴言の中には、明らかに関連性のあるものもあれば、判断が求められるものもあるからである。例えば、箴言17章1節はどうだろうか。

　　一切れの乾いたパンしかなくとも平穏であるのは
　　いけにえの肉で家を満たして争うことにまさる。

結果的に、私はこの一節を富と貧困のグループに入れた。なぜなら、いけにえの肉はそれ相当の支出があって初めて実現するが、乾いたパンは貧乏人でも手に入れることができるからだ。またこの一節は、富と貧困に関する他の箇所にもうまく調和すると考えた。

富と貧困に関する教えとして箴言を見直していくと、予想以上にこのテーマに属する箇所が見つかった。これらの箇所を一覧表にまとめたが、それは一くくりに学ぶ目的と共に、それぞれの箇所が書物のどこに出てくるかにも注意を払うためだった。というのも、箴言は対になっていたり、大きなグループになっていたりすることがあるので、自分の理解を深めるための大まかな文脈があるかどうか確認したかったからだ（この章では、箴言の中からお金に関する多面的な教えを代表するものをいくつか選んでいる）。

次に私は、これらの関連性のある箴言を書き出して、何日にもわたって通し読みをした。そうして富と貧困について、それぞれの箴言の意味する

ところを理解しようとしたことで、それらがいくつかの大きなカテゴリーに当てはまることが分かってきた（この章での説明もそれに基づいたものである）。また、これらを分類する中でもう一点気付いたことは、時に矛盾し合うような箴言が存在するということである。例えばある箴言は、富を得るのは勤勉で正しく賢い人だけだというが、別の箴言では悪なる人も富むことがあるという。次の箇所を見てみよう。

> 主の祝福こそが人を豊かにし
> 人の労苦はそこに何も加えることができない。（10：22）

> 貧しくても完全な道を歩む人は
> 曲がった道を歩む富める者にまさる。（28：6）

どうしてこのような一見矛盾する箴言が存在するのだろうか。これは、この段階で答えなければならない疑問だろう。

　最後に、この書物の知恵を私たちの生活に適用するには、これまで学んできた特定の箇所だけでなく、その教えが箴言の他の部分、旧約聖書や聖書全体と、どのように調和するかの確認が必須となる。特に、新約聖書が富と貧困をどのように教えているかに注目し、学んでいる箴言の箇所が、何らかの形でイエス・キリストを予期するものであるかどうかを自問自答していきたい。

富と貧困に関する箴言

　私が各箇所を調べた結果、箴言が富と貧困について教えている内容は、次の7項目に分類されると結論付けた。

- 神は正しい人に富を与えて祝福される
- 愚かな行いは貧困を招く
- 愚かな人の富は長続きしない
- 貧困は不義と抑圧の結果である
- 金銭を持つ人は寛大でなければならない

- 知恵は富にまさる
- 富には限られた価値しかない

　神は正しい人に富を与えて祝福される　現代において、箴言は裕福な人の味方をし、貧しい人を顧みないと非難する人がいる。すぐに分かるだろうが、これは箴言の教えをあまりに単純化した解釈である。とはいえ、神がご自分の民を物質的に豊かにされると断言しているのも本当である。箴言で最初に富について触れている言葉からも、神はご自分を崇める者を祝福することは確かである。

　　あなたの財産と
　　すべての収穫の初物を献げて主を敬え。
　　あなたの倉は穀物で満ち
　　搾り場は新しいぶどう酒で溢れるだろう。（3：9-10）

　ここで、正しい行いと物質的な報いとのつながりに注目してほしい。場面設定は明らかに農業に関することだが、この教えの原理は他の分野にも容易に当てはめられる。ただし箴言は、現実世界を切り取る一般的真理の原則ではあるが、約束ではないことを覚えておくのは賢明だろう。箴言3章9-10節のような言葉は、成功を生み出す公式ではない。それでもなおこの箴言は、霊的な価値観と富との間に関係があること、そして富をもって主を敬う者は、主からの祝福を期待できると宣言している。
　さらに同じ談話の中で、富は知恵の結果であり、そこで賜物を持つ女性として擬人化されているのが分かる。

　　知恵は真珠よりも貴く
　　どのような財宝もこれに並びえない。
　　知恵の右の手には長寿
　　左の手には富と誉れがある。（3：15-16）

　どうして知恵が真珠よりも貴いのだろうか？　若き日のソロモンを思い起こしてみよう。彼は神に何でも求めることができたが、知恵を求めたことで主に喜ばれた。その結果がこうである。「それゆえ、あなたの言うとおりに、知恵に満ちた聡明な心をあなたに与える。あなたのような者は、前にはいなかったし、この後にも出ないであろう。私はまた、あなたが求めなかったもの、富も栄誉も与えよう。生涯にわたり、王の中であなたに並び立つような者は一人もいない」(王上3：12-13)。このように、知恵は真珠を与え、それ以上のものを与える。箴言にも、ソロモンの人生にも、物質的な報いを見ることができる。箴言10章22節は、これに関して最も楽観的な教えの一つと言えよう。

　　主の祝福こそが人を豊かにし
　　人の労苦はそこに何も加えることができない。

　では賢い人にとって、富を持つメリットは何だろうか。箴言はその答えを示している。富は人生の障害物をうまく避けて舵を切らせるのである。

　　富める者の財産は砦の町
　　弱い人の貧しさは廃墟。(10：15)

　箴言10章16節の前半部分、「正しき者の働きは命のために（敬虔な人の稼ぎは、その生活を豊かにする）」という箇所も、この考えを支持している。しかし14章24節は、この楽観的な見方の反対の側面を示している。

　　知恵ある人の冠はその富。
　　愚かな者の無知は無知そのもの。

　これまで、箴言が知恵と富を結びつけていることを示す充分な例を見てきた。しかし、まだ議論の終わりにはほど遠い。次に検証するのは、富を持つのは賢い人だけではないという教えである。

愚かな行いは貧困を招く　もし知恵とそれに伴う行いが富を招くなら、その逆もまたしかり、と箴言が教えていることに驚きはない。すなわち、愚かな人は貧しくなる。この真理は特に、働き者と怠け者との対比の中に顕著に見られる。箴言では、怠惰は愚かな行動の縮図とされているのだ。箴言は、さまざまな言葉で怠け者をからかっている。

　　怠け者は言う。
　　「道に獅子が、広場に雄獅子が」と。
　　扉はちょうつがいで回転
　　怠け者は寝床で回転。
　　怠け者は手を平鍋に入れるが
　　その手を口に返すことを煩わしく思う。(26：13-15)

　これらの箴言は、怠け者を嘲笑する誇張表現を用いている。初めの言葉は、怠け者がいい加減な言いわけをして仕事に出かけないことを非難している。二つ目は、寝ている時間が長すぎる怠け癖を持つ者への指摘である。最後は、人の基本的欲求を満たすことすら労力を惜しむ、じつに馬鹿げた人の姿を表している。
　このような愚かな態度は、食糧を育てるような基本的かつ日常的な努力においてすら貧困をもたらす。

　　怠惰な手のひらは貧しく
　　勤勉な手は豊かになる。(10：4)

　　悟りを得た子は夏のうちに集め
　　恥をもたらす子は刈り入れ時に居眠りをする。(10：5)

　愚か者を滑稽に、かつ辛辣に表現しているのは、間違った道を歩んでいる人にやる気を起こさせようとするためである。次のやや長い箴言の言葉(6：6-11)は、その具体例である。

怠け者よ、蟻のところに行け。

その道を見て、知恵を得よ。

蟻には指揮官もなく

役人も支配者もいない。

夏の間に食物を蓄えても

刈り入れ時にもなお食糧を集める。

怠け者よ、いつまで横になっているのか。

いつ、眠りから起き上がるのか。

しばらく眠り、しばらくまどろみ

しばらく腕を組み、また横になる。

すると、貧しさは盗人のように

乏しさは盾を持つ者のようにやって来る。

　怠惰は、貧困の理由として最も頻繁に引用されているが、他の理由も記されている。その一つとして箴言21章17節が示すのは、耽溺である。

　快楽を愛する者は貧しくなり

　酒と香油を愛する者は富むことがない。

　貧困をもたらす他の理由に、貧しい人への虐げも挙げられる。特に、すでに富んでいる人による虐げである。

　蓄財のために弱い人を虐げる者

　富める者に貢ぐ者は欠乏にあえぐことになる。(22:16)

　では、倹約が富を得る一つの手段なのだろうか？　箴言11章24節はそう語ってはいない。

　惜しまず与えても富の増す人があり

　物惜しみをしても乏しくなる者もある。

　コヘレトの言葉３章１‐８節の有名な詩を要約すると、富には与える時と蓄える時がある。これを無視する人、特に貧しい人との関わりや贅沢品の扱いに無頓着な人は、怠け者の仲間入りをし、貧困者の予備軍に加えられている。

　愚かな人の富は長続きしない　先に挙げた二項目が必ずしも現実とは限らないことを、私たちは経験から学んでいる。金持ちの愚か者もいれば、貧しいが賢い人もいるのだ。これはどういうことだろうか。詩篇73篇には、この疑問に悩まされる賢い人が描かれている。

> 悪しき者の安泰を見て
> 驕り高ぶる者を妬んだ。
> 彼らには苦しみがなく
> 体も肥えて健やかである。
> 人間の負うべき労苦もなく
> 人々のように打たれることもない。
> それゆえ、高慢が首を飾り
> 暴虐の衣が彼らを包む。
> 見よ。これが悪しき者。
> とこしえに安穏に財をなしてゆく。（詩73：3-6、12）

　箴言ではこの問題について、コヘレトの言葉やヨブ記ほどには壮絶な苦悩が記されていないが、それでも富は儚く、容易に倒錯してしまうと認識している。愚か者（怪しい人でさえ）が裕福であること、怠惰な人でも勤勉な両親からお金を相続できること、富を得てもその維持には危険が満ちていること、そして富はしばしば表面的で一時的なものであることなど、あからさまな表現ではないにしても、その現実を認めたうえで、箴言は警告を発している。次の一節も同じ認識からくるものである。

> 悪しき者は偽りの働きをなし
> 正義の種を蒔く人は真実の報酬を得る。（箴11：18）

　箴言の示す富に対する慎重な見方は、じつに多面的である。箴言13章11節は、このような警告と、勤勉であることの価値への確信が組み合わされている。

　　急いでためた財産は減っていき
　　小まめに集めた財産は増えていく。

　箴言の他の箇所では、非倫理的な手段によっていかに容易に富が蓄積され、そして必ずそれが転じて持ち主を害するかを考察している。

　　偽りの舌によって宝を積むものは
　　吹き払われる息、死を求める者。(21：6)

　　蓄財のために弱い人を虐げる者
　　富める者に貢ぐ者は欠乏にあえぐことになる。(22：16)

　また、人生の本当に大切なもののためにはお金は役に立たなくなると、箴言ははっきりと示している。

　　怒りの日に財産は役に立たないが
　　正義は人を死から助け出す。(11：4)

　この「怒りの日」をどう解釈するかについては、議論が交わされている。単純に、死の日と同義語なのか、それ以上の意味を持つのか？ ただし、箴言にとってこの答えは重要ではない。より重要なのは、お金によってこの日を回避することはできないこと、そして正しい生きかたほど尊いものはない、ということである。

　つまり箴言の教えとは、お金は最も大切なものではないこと、そしていかがわしい手段でお金を手に入れると問題を引き起こす可能性がある、ということである。これらはすべて、本書第6章でひも解いたエジプトの知

恵の書によく似た形で警告されている。

　　富を得るために労するな。
　　分別をもって思いとどまれ。
　　目を富に向けても、そこに富はない。
　　自ら鷲のような翼を生やし、天に飛んで行く。（23：4-5）

　貧困は不義と抑圧の結果である　貧困の原因はつねに、そして唯一、怠惰によるもの、または一般的に理解されている愚かさによるというのが箴言の教えだと考える人がいる。しかし、それは間違っている。これまで見てきたように、箴言や格言というものは、そこまで全面的なものでも、絶対的なものでも決してない。その点を踏まえなければ、書物全体の教えが損なわれかねない。確かに、怠惰などの間違った行動は、貧困やそれに似た結果を招くことが多い。しかし、いつもそうとは限らない。
　貧困に陥っている人を観察する場合、賢い人なら、原因や解決策を得ようとする前に、まずその状況をよく見極めるだろう。そうしないなら、ヨブの友人たちの罠にかかる。
　賢い人がまず見いだすのは、13章23節が指摘しているように、不条理さである。

　　貧しい人の耕作地で多くの食物が実っても
　　公正が行われないところでは奪われてしまう。

　箴言の形式を守るためか、「公正が行われない」ことについて具体的な説明はされていない。それは不正直な地主かもしれないし、農作物を盗む泥棒かもしれない。または、農家の収穫物を没収する政府の役人かもしれない。この箴言は、他の人の人生にも適用できる原理を表現している。しかし、重要なことは明確である。ここでの貧困は怠惰の結果ではなく、その人がコントロールできない力によるものだ、ということである。
　箴言は、機械的な世界観や単純な人間観を示さないので、貧しい人のほ

うが金持ちより敬虔で賢いかもしれないと断言できるのである。

正義によって得た僅かなものは
公正に反して得た多くの収穫にまさる。(16:8)

実際、箴言では貧しい人が尊ばれている。彼らは、最も重要な意味で、金持ちと同等の存在なのである。

富める者と貧しい人が行き会う
どちらも造ったのは主。(22:2)

金銭を持つ人は寛大でなければならない 箴言は、貧しい人の窮状に同情的である。特に集団としての彼らのニーズに心を留める。箴言29章7節にもこのように記されている。

正しき者は弱い人の訴えを認めるが
悪しき者はその知識を見極められない。

特に王は、貧しい人への配慮が強く求められている。事実、そのような配慮は祝福をもたらす。

弱い人を真理によって裁く王
その王座はいつまでも堅く据えられる。(29:14)

この祝福の裏側には、暗黙の呪いが隠されているのだろう。公正な王は長く治め、公正でない王は短く治める。箴言28章27節は、この祝福と呪いが、助ける手段を持つすべての人に拡大されると記している。

貧しい人に与える人は欠乏することはない。
貧しい人に目を覆う者は多くの呪いを受ける。

　事実、寛大であることに対する報いについて箴言は決して控えめに語らない。

　　惜しまず与えても富の増す人があり
　　物惜しみをしても乏しくなる者もある。(11：24)

　しかし、このような振る舞いは逆説的にも見える。どうして人に施すことによって富が増すのだろうか。ここでもう一度思い起こす必要があるが、箴言は保証ではなく、あくまでも一般的な真理の原則である。これをさらに強調するように、無批判な寛大さには慎重である。箴言6章1-5節は、借金を抱える友人に融資をすることを戒める、この書物の主要な教えの典型である。

　　子よ、もし友の保証人となって
　　よその者に手を打って誓い
　　あなたが自分の口から出た言葉によって罠にかかり
　　自分の口から出た言葉によって捕らえられたなら
　　子よ、その時にはこうして自らを救い出せ。
　　あなたは友の手中に落ちたのだから
　　気弱にならず、友にうるさく求めよ。
　　あなたの目に眠りを
　　まぶたにまどろみを与えるな。
　　狩人の手から逃れるガゼルのように
　　その手から逃れる鳥のように、自らを救い出せ。

　この箇所は、融資としてお金を貸しても、返済されなければ損害を被ることを想定している（出22：24-26では、同胞のイスラエル人の間で利息を取ることが禁じられている。したがって、リスクが伴うにせよ、金銭的な利益を得るために支援したとは考えにくい。借金は全額返済されることが期待されていた）。しかし、お金を与え、返す必要はないと言う人は寛大だとされている。

あなたの手に善を行う力があるなら
なすべき相手にそれを拒むな。
あなたにその力があるなら
友に「出直してくれ、明日あげるから」と言うな。(3：27-28)

　知恵は富にまさる　箴言は、富が貧困にまさることは疑いないとしている。しかし、それは究極的に良いものなのだろうか？　決してそうではない。相対的な価値を示すために箴言が「～にまさる」という文体を多く使っていることは、すでに見たとおりである。

主を畏れる者のささやかな持ち物は
心配しながら持つ多くの宝にまさる。(15：16)

野菜を食べて愛し合うのは
肥えた牛を食べて憎み合うことにまさる。(15：17)

正義によって得た僅かなものは
公正に反して得た多くの収穫にまさる。(16：8)

知恵を得ることは金にまさり
分別を得ることは銀よりも望ましい。(16：16)

一切れの乾いたパンしかなくとも平穏であるのは
いけにえの肉で家を満たして争うことにまさる。(17：1)

名声は多くの富よりも望ましく
品格は銀や金にまさる。(22：1)

貧しくても完全な道を歩む人は
曲がった道を歩む富める者にまさる。(28：6)

　これらの箇所からまず気付くのは、賢くて敬虔な人がみな裕福になれる
わけではなく、必要最低限の生活さえできないこともあると率直に認めて
いる点である。箴言は、貧しくて敬虔な人もいれば、金持ちで愚かな人も
いることを認めている。また、お金より大切なものがたくさんあることに
も注目したい。内なる平和（15：16）、愛（15：17）と平和（17：1）のある人
間関係、正直さ（16：8、28：6）、良い評判（22：1）などがある。そしてこれ
らはすべて、さらに核となる人格から流れ出ている。それが、知恵である
（16：16）。別の言い方でいうと、主を畏れること（15：16）、そして正義（16：
8）である。

　富には限られた価値しかない　知恵とそれに付随する特性は、お金より
はるかに重要である。確かに、お金は人生を歩むうえで助けになるが、究
極的には、物質的な物の価値には限界がある。少し前にも見たように、以
下の箇所のとおりである。

　　　怒りの日に財産は役に立たないが
　　　正義は人を死から助け出す。（11：4）

　箴言全体を通して、知恵と結びつけられている正しい生き方は、人を危険な
状況から遠ざける。多くの例から一つを挙げると、正しい生き方とは、他の男
の妻と寝ないことである。そのような振る舞いは、箴言が警告しているように、
その女の夫によって最も悲惨な結果を招きかねない（6：34）。
　そして、富は役に立たないばかりか、さらなる問題を生み出すこともある。
例えば、箴言13章8節について考えてみよう。

　　　富を自分の命の身代金とする者がいるが
　　　貧しい者は脅迫を聞くこともない。

　この箴言は、誘拐されてもお金があれば解放されることを認めている。
しかし、貧しい人はそもそも誘拐されること自体心配する必要がないのだ。

なぜなら、彼らは誘拐犯の求める物を何も持っていないからである。金持ちは他にも不利になることがある。それは、所有者と富が釣り合っていないとき、軽蔑の眼差しに晒されることである。

　　愚かな者に贅沢はふさわしくない
　　ましてや奴隷が高官を支配するなどなおのこと。(19：10)

　お金はさらなる問題をもたらす。例えば、箴言14：20で暗に指摘されているように、偽りの友人たちなどだ。

　　貧しい人は友にさえも憎まれる。
　　富める者を愛する者は多い。

　箴言の最後でアグルが次のように祈ったのは、おそらくこれらの理由からであろう。

　　私は二つのことをあなたに願います。
　　私が死ぬまで、それらを拒まないでください。
　　空しいものや偽りの言葉を私から遠ざけ
　　貧しくもせず、富ませもせず
　　私にふさわしい食物で私を養ってください。
　　私が満ち足り、あなたを否んで
　　「主とは何者か」と言わないために。
　　貧しさのゆえに盗み、神の名を汚さないために。(30：7-9)

まとめと結論

　箴言には、お金、富、貧困についてじつに多くのことが書かれている。一つの箴言、あるいは関連する一連の箴言を取り上げ、それがこの書物全体の視点を表していると考えると、大きな誤解を招きかねない。箴言という形式は、複雑な問題を扱うことができない。したがって、より良い方法

としては（これまで示してきたとおりだが）、いくつかの異なる箴言をリストアップし、それらを考察し、それらがどのように分類され、どのように一方が他方を明確にしたり、説明したりしているかを探ることである。そうすれば、少なくとも箴言に関しては、バランスの取れた豊かな視点を得られるだろう。聖書全体について言うならば、私たちはさらに他の聖書箇所を参照しつつ学びを続ける必要がある。

　ここでは、そのような広範囲に及ぶ議論を展開する余地がないが、ぜひ「さらなる考察のために」の質問から読者の方々には学びを広げていってほしい。

関連箇所
箴言3：9-10、13-18、6：6-11、10：2、4、15-16、22、11：4、16、18、24、28、13：7-8、11、18、22-23、14：20-21、23-24、15：6、16-17、16：8、16、17：1、18：1、23、19：4、10、20：13、21：5-6、17、20、22：1、2、7、16、23：4、28：3、6、11、19-20、22、27、29：7、13-14、30：7-9

さらなる考察のために
1．コヘレトの言葉5章8-20節を読もう。この箇所は、富について教える箴言の内容とどのように関係するだろうか？

2．コヘレトの言葉7章11-12節は、箴言とどのような関係にあるだろうか？

3．ヤコブ書5章1-6節を読もう。富に関する聖書の教えとして、この箇所はどのような光を当てているだろうか？

4．お金に対するあなたの現在の考えを述べよ。何を箴言から新しく学んだだろうか？

5. お金に関係する振る舞いや考え方について、箴言があなたに求めてい
   るものは何か？

参考文献

Washington, Harlod C. *Wealth and Poverty in the Instructions of Amenemope and the Hebrew Proverbs*. Atlanta: Scholars Press, 1995.

Whybray, R. N. *Wealth and Poverty in the Book of Proverbs.* Sheffield, U. K.: JSOT Press, 1990.

第11章

正しい女を愛することについて
ON LOVING
THE RIGHT WOMAN

　ここまでは、箴言の教えが示唆するところの微妙なニュアンスを注意深く学んできた。例えば、貧困と富について、表面的には相反するようにも見える7つの視点について説明した。現時点で私たちは、箴言があらゆる状況において必ずしも真理であるとは言えないことについて、充分承知している。箴言の教えや見解は一般的に真理であるが、賢い人はその箴言の妥当性を見極める前に、その言葉を誰に当てはめ、どの状況に適用しようとしているかを考慮しなければならない。

　しかし今、私たちは、この書物の主要な教えにたどり着いた。この点において、何が正しい道で、何が間違った道であるのかについては、疑いの余地はない。その教えとは、親密な性的関係についてである。箴言は、その大部分において、正しい女を愛すること、そして一見正しく見えてもまったくの過ちである女を避けることを教えている。さらに箴言では、女との正しい関係を男に教えているのみで、その反対は見られない。すでに確認したように、本来箴言は、若い男性に向けて記されている。後述の**補足**では、箴言を読む女性や、もう「若くない」男性にとって、このような箴言の視点が、なぜ障害にならないのかを検討している。

　女についての教えは、その大半が箴言1-9章の長い談話に含まれている。

とはいえ、書物の後半にも重要な教えの一つ「有能な妻の詩」が記されていて、箴言を力強く締めくくる。この箇所については充分に時間をとって学ぶつもりだが、本書でそのすべての関連箇所を検討することはできないので、章の末尾にそれらをリストアップした。本章では、その中でも男女の関係についての箴言の教えをよく表していると思われる代表的な箇所に注目して学びたい。

補足：箴言を読む女性へ

　私（著者）は男性として、箴言を読む女性の視点に立ってみようと努めた。しかし当然のことながら、この教えに対する女性の反応をステレオタイプ化しなければならないこともあり、完全には無理である。女性読者の中には、聖書のメッセージに共感し、その確信のもとに、問題なく男性の視点を受け入れる人もいるだろう。それに対して私はこう思う。「確かに、悪い妻もいるが、それ以上に悪い夫もたくさんいる。なぜ女性に、悪い男と関係を持たぬよう警告しないのだろうか？」

　確かに箴言は、悪い男も悪い女もいることを認めている。両者は、愚かな者、嘲る者、悪しき者と呼ばれている。箴言が、賢い男だけでなく賢い女が愚か者と結婚することに不快感を示していると考えるのは、決して誇張ではない。しかし箴言が、その古来において若い男のためのものであることは無視できないし、旧約聖書の文化自体が男性中心であったことも事実である。それを踏まえたうえで、女性が男性より何らかの形で本質的に劣っているという含みがあると見るのは、ここで否定しておきたい。

　しかし今日、男女の平等性を称える現代の社会において（それが的確に成されていることを願うが）、果たして女性は箴言をどう読むだろうか？　実際のところ、箴言をガラテヤ書3章28節などに照らし合わせた場合、これをどう解釈するだろうか？　「（あなたがたは皆、）……男と女もありません。あなたがたは皆、キリスト・イエスにあって一つだからです」。

　単純に言うならば、現代の読者は、関係式の反対側に内容を反転させて読むようにと促されているのではないだろうか。例えば、次のとおりである。

屋根の片隅に座っていることは
いさかい好きな夫（聖書では妻）と一緒に家にいることにまさる。

（箴21：9）

　聖書の他の部分から切り離せば、箴言は若い男に向けて書かれている。しかし、聖書全体の中の一部として箴言を見ないなら、より完全な適用は得られない。結局のところ、聖書の書物はどの一つを見ても元々は特定の人々に宛てられたものだが、正典としての聖書は、神の民のすべてに向けられている。例えばエレミヤは、バビロン捕囚直前の世代のユダの民に向けて、預言の言葉を語った。しかし、神の霊によって語られた罪への警告、差し迫った裁き、悔い改めを求める訴えは、当時の限られた人々のみに向けられたメッセージに過ぎないのだろうか？　そうではない。エレミヤの言葉は、ユダの民でなくとも、アメリカ人やイギリス人、中国人や韓国人など、現代の私たちにも及んでいる。したがって私たちは、現代の文化に照らして箴言を読み、私たちの文化が、箴言の著者の持つ男女の役割とは異なる認識を持っているものとして、その異なる認識に照らして箴言の言葉を読むのである。

箴言の教え・その1：淫らな女を避けよ

　箴言の冒頭の章で、父は息子を諭しているが、そこには、一つの普遍的な教えが見られる。それは、淫らな女を避けよ、という教えである。箴言2章16-22節、3章13-18節、4章4-9節、6章20-35節、さらに5章、7章全体が、このテーマに費やされている。父は最大限の力を尽くして、この警告を息子に投げかけ続ける。なにしろ父が息子に指摘したように、この愚かな行為の結末は悲惨なものになるからである。箴言の前半で、これほどこのテーマを強調しているのに、後半にほとんどこの教えが出てこないのは、やや驚きである（22：14、23：26-28、31：2のみ）。しかも関連するこれらの箇所は、前半部分に出てくる談話の教えを補うだけに留まっている。

　若い男たちが避けるべき、このような女たちとは一体何者か。ここでは、2つのタイプの女が登場する。遊女と、淫らな妻である。彼女らはそれぞれ、

157

ヘブライ語で「よその」(*zara*、ザーラー。JLB では「悪い女」)、「異国の」(*nokriyya*、ノクリーヤー、JLB では「妻以外の女」)という言葉が使われている。彼女らは律法や社会的慣習に従わない行動をし、婚姻関係外での性的関係を求めるので、「よその」「異国の」女とされるのである。

　遊女と寝たり、他人の妻と寝たりすることは、いかなる場合でも間違った行動であるが、箴言はこの二つの決定的な違いを指摘している。その違いは、これらの行動のもたらす実際的な結果である。この点について記しているのが箴言 6 章 24-35 節である。教えに耳を傾けよという長い勧告の後、親、とくに父による教訓と警告が与えられている。

> それはあなたを悪い女 (*eset ra'*、エーシェトラー) から
> 異国の女の滑らかな舌から守る。
> 彼女の美しさを心の中で追い慕うな。
> そのまなざしに捕らわれるな。
> 遊女への支払いは多くても一塊のパン
> 人の妻は貴い命を貪る。
> 人が火を懐に抱え込み
> 衣を焼かれないことがあろうか。
> 炭火の上を歩いて
> 足にやけどをしないことがあろうか。
> 友の妻と通じる者も同様。
> 彼女に触れる者は誰も罰を免れることはない。
> 飢えを満たそうと盗みを働く者を
> 人々は侮りはしないだろう。
> だが見つかれば、七倍を償い
> 一族の財産すべてを充てることになる。
> 女と姦淫する者は浅はか
> 身の破滅をもたらす。
> 彼は傷と恥を受け
> その屈辱は拭われることはない。

憤った男は嫉妬に駆られ

復讐するときは容赦しない。

その男はいかなる償いをも受け入れず

どれほど多くの贈り物にも応じない。

　繰り返すが、父は、遊女と性的関係を持つのは構わないが他人の妻とは
いけない、とは言っていない。父は両方が悪しき行為だと述べたうえで、
それに伴う罰則が異なることを教えているのである。すなわち、遊女と寝
れば男を困らせるだけかもしれないが、他人の妻と寝れば、嫉妬深い夫の
手によって死に至るかもしれないのだ。
　ここで、このような具体的な結果は当時の習慣を反映したもので、現代
には当てはまらないという議論が起こるだろう。確かに、現代の女たち（妻
たち）は古代イスラエルの女たちより多くの法的手段を持っている。今日、
もし男が遊女と寝たら、それは他人の妻と寝たのと同じくらい悲惨な結果
を招くことになるかもしれない（ただし後者の場合は、二人の結婚の契約が破られ
ることになる）。また、遊女自身が他人の「妻」である可能性が高いことも、
現代と古代で異なる点である。どのような場合であれ、よその妻や遊女と
寝ることは悪であるが、相手が他人の妻である場合、より危険な結果を招
く可能性が高い。
　では、なぜ彼女らと寝るのか。この問いへの答えは、なぜ箴言がこれほ
どまでにこのテーマに多くを費やすのかを説明している。答えは、誘惑が大
きいからである。父は、若い息子に迫りくる誘惑を決して過小評価せず、
表面的にも拒否し難い行為であることを認めているのである。
　興味深いことに、誘惑に陥りやすい理由として最も多く記されているのは、
女からの語りかけだ。男に対する女の言葉は、滑らかで魅惑的である（箴2:16,7:
5）。彼女は男を欲し、彼を手に入れる方法を知っている。淫らな女の唇の魅
力は、官能的であることと、男が好む言葉を口にすることである。箴言22章
14節の警告にはおそらく、この両方の意味が秘められている。

　よその女の口は深い穴。

主の憤りに触れた者はそこへと落ちる。

しかし、誘惑となるのは女の言葉だけではない。彼女が差し出すその身体もまた、誘惑への罠である。箴言７章は、若い男に迫る誘惑についての最も長い物語となっている。ここでは、よその女の家の近くに自ら身を置いて誘惑に駆られる若い男が、いかに愚かであるかが語られている。彼は女の魅惑的な声を聞くだけでなく、彼女が「遊女の装いをし」ている姿を見ているのである（7：10）。また彼は、女の心地良い香りと、彼女を抱き寄せられるかもしれないという期待の虜になっている。

死がその結果だとしても、誘惑は大きい。どうすればこの誘惑を避けることができるのか。この問いの答えは、次の章までお預けである。しかし予告として、次のようにシンプルに示しておこう――最も強い守りは、強い攻撃である。妻を愛し、最も大切な「女」との関係を深めること。つまりその「女」とは、知恵である。まずは、妻との関係を育むことについての箴言の教えを見てみよう。

箴言の教え・その２：妻との関係を強めよ

あなたの水溜めから水を飲め
あなたの井戸に湧く水を。
あなたの泉の水が路地に
水の流れが広場に溢れ出てよいものか。
その水を自分だけのものとし
あなたのもとにいるよその者に渡してはならない。
あなたの泉は祝福されよ。
あなたの若い時の妻から喜びを得よ。
愛に溢れる雌鹿、恵みに満ちた野山羊。
あなたはその乳房にいつの時も満ち足り
絶えず彼女の愛に酔いしれよ。
子よ、なぜ、よその女に酔いしれるのか

　異国の女の胸を抱くのか。(5：15-20)

　箴言はここで若い男の注意を、魅力的な異国のよその女から自分の妻に
向けさせている。若い男の性的エネルギーを発散させるための正しい領域
が必ずあり、それは結婚という法的な仕組みの中であることを教えている。
この箇所に創世記２章との文学的つながりはないが、この視点は、性行為
が親密な関係に不可欠なものであるという当時の考えと明らかに一致して
いると分かる。男が女の創造に際して捧げた讃歌と、それに続く説明が、
いかに排他性を示すものであるかに注目していただきたい。

　「これこそ、私の骨の骨、肉の肉。
　これを女と名付けよう。
　これは男から取られたからである。」
　こういうわけで、男は父母を離れて妻と結ばれ、二人は一体となる。
　人とその妻は二人とも裸であったが、互いに恥ずかしいとは思わな
　かった。(創２：23-25)

　聖書の中では後に、多妻・内妻（性的奴隷）の慣習が発展し、それを神が
見過ごしておられた行為とはいえ(出21:7-11)、本来の理想から離れてしまっ
たことに変わりはない。男の性的エネルギーはただ一人の女だけに集中す
るべきであり、とりわけ法律上関係のない女（遊女や他人の妻）とは関わるべ
きでないのである。
　箴言５章は、古代近東の読み手が分かりやすい表現を用いて、性につい
て説明している。「水溜め」や「井戸」は、性的興奮で湿ったヴァギナ（膣）
を思わせる。泉もまた同様である。このような表現は、聖書の中で最も官
能的な愛の讃歌、雅歌にも見られる。特に、雅歌４章12-15節を見てみよう。

　私の妹、花嫁は閉じられた園。
　閉じられた池、封じられた泉。
　あなたは、見事な実をつけるざくろの果樹園

ヘンナやナルド。

ナルドやサフラン、菖蒲やシナモン

あらゆる乳香の木々。

没薬や沈香、あらゆるえりすぐりの香料。

園の泉、命の水の井戸

レバノンから流れ出る川。[1]

　一方で、箴言5章16節の泉や流れ出る水は男の性の表現と受け取られ、射精を連想させる。この「泉」を複数の相手と共有してよいか否かが（「路地」や「広場」）、修辞疑問文で問いかけられている。もちろん、共有されるべきではない。決して見知らぬ者と分かち合ってはならないものである。

　箴言はさらに雅歌に似た表現で、妻と彼女の身体について言葉を続ける。彼女は愛らしい雌鹿、麗しいかもしか。男は妻の乳房だけに満足を得るべきだとの表現は、雅歌7章7-10節 の男の言葉を連想させる。

喜びに溢れた愛よ

あなたはなんと美しく、なんと麗しい。

あなたの立ち姿はなつめやし

あなたの乳房はその実の房のよう。

私は言う。

「なつめやしの木に登り、その房の実をつかもう。

あなたの乳房がぶどうの房になり

あなたの息がりんごの香りのようになるように。

あなたの口は上質のぶどう酒のように

私の愛する人に滑らかに流れ

眠っている唇に滴ります。」

　このようにして父は息子に、見知らぬよその女の誘惑からの最初の防衛

---

[1]　さらに詳しい解釈と古代近東の背景についてのより詳細な説明は、次を参照のこと。Tremper Longman III, *The Book of Song of Songs* (Grand Rapids, Mich.: Eerdmans, 2001).

線、つまり自分の妻との健全な性的関係を指し示すのである。見知らぬ女との関係は死に至るのに対し、妻との関係は命に至る。

箴言の教え・その3：良い妻の与える喜び

箴言は、良い妻こそが人生で最も重要なものの一つだとしている。箴言12章4節の前半の「有能な妻は夫の冠」という言葉も、このことを示している。また箴言14章1節によると、妻の仕事は家庭生活において建設的である。「知恵のある女は自ら家を建てる」のだ。この言葉は当然、妻が建築家という意味ではない。妻は家族内の良い人間関係を構築するという意味である。したがって、良い妻とは、主によってのみ与えられるものである。

　　妻を得るものは恵みを得
　　主の喜びにあずかる。（18：22）

箴言30章18-19節は、性的な行為を僅かに暗示している。おそらく正典の文脈を考慮すると、結婚生活の中での行為として、男女の親密な関係は地上で最も驚くべきことの一つであると述べている。

　　私にとって、驚くべきことが三つ
　　いや四つのことに納得できない。
　　天にある鷲の道
　　岩の上の蛇の道
　　海の中の船の道
　　そしておとめと共にいる男の道。

これは姦淫する女と比較されており、これもまた不思議なことであると筆者は言う。「姦淫する女の道もそうだ。彼女は食べて口を拭い　悪いことはしていないと言う」（30：20）。

良い妻に関する最も完全な記述は、この書物の最後を飾る壮大な詩に記されている（31：10-31）。ここでは、理想の女、または理想の妻としか言う

ほかない姿が描かれている。

　　有能な妻を見いだすのは誰か
　　彼女は真珠よりもはるかに価値がある。
　　夫は心から彼女を信頼し
　　儲けに不足することはない。
　　彼女は生涯にわたって
　　夫に幸いをもたらし、災いをもたらすことはない。
　　羊毛と亜麻を求め
　　手ずから喜んで仕立て上げる。
　　商人の船のように
　　遠くから食物を運んで来る。
　　彼女は夜明け前に起き出して一家の食事を整え
　　働く若い女たちに指図を与える。
　　よく思い巡らしたうえで畑を購入し
　　手ずから得たもうけの果実でぶどう畑を設ける。
　　力強く腰に帯をし
　　腕に力を入れる。
　　取り引きが好調であることを確かめ
　　灯は夜も消えることがない。
　　彼女は手をはずみ車に伸べ
　　手のひらは紡ぎ棒を操る。
　　彼女は苦しむ人に手を開き
　　貧しい人に手を差し伸べる。
　　雪の日も一家に恐れはない
　　家族は皆、衣を重ねているからだ。
　　彼女は自分のために上掛けを織り
　　上質の亜麻布と紫の衣を着る。
　　夫はよく知られた人で
　　城門で土地の長老と座に着いている。

彼女は上質の亜麻布を織って売り
帯を商人に渡す。
力と輝きが彼女の衣服。
彼女は前途に憂いなくほほ笑む。
口を開いて知恵を語り
慈しみの教えをその舌に乗せる。
一家の歩みによく目を配り
怠惰の食物を貪ることはない。
子らは立ち上がって彼女を祝し
夫も彼女をたたえて言う。
「有能な働きをなす女は多いが
あなたはそのすべてにまさっている。」
あでやかさは偽り、美しさは空しい。
主を畏れる彼女こそ、誇ることができる。
彼女の手の実りを彼女に与え
その働きを城門でたたえよ。

　この詩は、男性の視点から理想の妻を描いたものである。その視点とは、このような女が夫の人生をいかに充実させるかということである。繰り返すが、この詩の主旨は、妻を褒め称えることで夫が淫らな女を追わないようにすることである。淫らな女とは対照的に、箴言31章に描かれる高潔で有能な女は、家を建て上げるために力を尽くす。箴言14章1節に見た具体的な女の仕事をここで確認することができる。

　ここでの描写は、あくまでも理想の女である。これほどに何でもこなす器用な女について読むと、読者は、「有能な妻を見いだすのは誰か」という初めの問いかけに対し、「誰も見つけられない」という答えが前提となっていることに気付くだろう。つまり詩人は、追求すべき理想の妻像を作っているのかもしれない。

　ここで数点詳しく考察することで、この詩をより豊かに読むことができるだろう。この詩の最も興味深い特徴の一つは、ときおり軍事用語が使わ

れていることである。残念ながら、これらは通常、翻訳の段階で完全に隠れてしまう特徴でもある。「しっかりした、高潔な」(hayil、ハイル)という言葉は戦場での優れた勇気や能力を意味する。*2 「夫は……儲けに不足することはない」という11節の言葉は、ヘブライ語の字義どおりに読むと「彼は略奪品に欠けることがない」(wĕ salal lo' yehsar、ヴェ シャーラール ロー イェヘサール)となる。妻が持ってくる「略奪品」で、夫の生活は豊かになるということである。おそらくここでは、人生の葛藤を戦争に見立て、女は人生の混沌を治めるための積極的かつ成功した参戦者として描かれているのだろう。

もう一つ、この詩に流れる主要テーマは、妻の無限の活力である。ここに描かれる理想の妻のように、これほどの行動を一人でこなすなど到底できるとは思えない。おそらくこれは、複数の妻の姿を重ね合わせて描いているのでは、とも考えられる。どちらにせよ、この妻は戦士としてだけでなく、港に商品を運ぶ商船としても描かれている。その港とは、彼女の家である。ここには、積極的に商業活動に尽力し、さらには貧しい人々への慈善活動にも取り組む妻の姿が見られる。

理想の妻は、その行動だけでなく彼女の気質や態度もまた賞賛される。彼女は未来に恐れを抱かず、賢くて親切だ。彼女は、怠惰と無縁である。

詩の最後に強調されているのは、予想どおり、美しさやきらびやかさでなく、この妻が主を畏れていることである。確かに、彼女は知恵の典型である。彼女は神の知恵を具現化した人 —— 血肉を持つ擬人化された知恵の女、そのものである。

このポイントについては後でまた議論するが、まずここで一旦、有能な妻と正反対に立つ存在について考える必要がある。箴言は、悪い妻について何と言っているのだろうか。

箴言の教え・その4：誤った選択のもたらす苦しみ

すべての妻が、箴言31章の「有能な妻」のように夫を支えるわけではない。それにほど遠い妻もいる。箴言は、夫の助けになるどころか、妨害と

---

*2 Robin Wakleyによるhayilの記事を参照。New International Dictionary of Old Testament Theology and Exegesis, ed. William A. VanGemeren (Grand Rapids, Mich.: Zondervan, 1997), 2:118.

もなるような妻について、じつに軽妙な着眼点を示している。事実、このテーマは、この書物を通して繰り返し語られることにより、その重要性が示されている。まず手始めに、11章22節から見てみよう。

　　豚の鼻に金の輪
　　美しいが聡明さに欠ける女。

　ここで、箴言の良い女または妻との相対的な価値観に注目したい。私たちは、箴言31章の最後で、「美しさは空しい」と読んだところである。しかし、そもそも美しさは男性を惹きつけるものであることが多く、罠にもなり得る。例えば、分別を持たないと女の美しさが損なわれることがその一つである。金の輪だけを見ると、豚には目がいかなくなるものだ。分別に欠けるなら、律法に反する人間関係や資産の乱用など、あらゆる問題を引き起こす可能性がある。このような問題は、困難な世の中で賢く生きようとするうえで妨げとなる。
　箴言12章4節は、「有能な妻は夫の冠」との言葉で始まるが、その後半には正反対の言葉が記されている。

　　恥をもたらす妻は夫の骨の腐れのようだ。

　相性の悪い間違った結婚相手は、内臓の病気のように人を蝕んでしまう（ヘブライ語で「腐れ」、NLTでは「Cancer」）。このような観察を通して、箴言は上記のような人間関係のもつれを避けるよう、若い男にはっきりと警告を発している。繰り返しになるが、14章1節の前半には、賢い女が家を建てあげる様子が描かれていた。では愚かな女についてはどう描かれているか？彼女は「自らの手でそれを壊す」のだ。
　箴言はこのように、鮮烈な描写や辛辣な皮肉を用いることによって記憶に残りやすくなっている。その中でも「〜にまさる」という形式で記される次の箴言ほど、誤った結婚をするより独身を強く勧める言葉はないだろう。

　　屋根の片隅に座っていることは
　　いさかい好きな妻と一緒に家にいることにまさる。

(21：9、25：24)

　　荒れ野に座していることは
　　いさかいと悩みをもたらす妻といることにまさる。(21：19)

これらの箴言は27章15-16節によって展開・補足されている。

　　雨の日に滴り続ける滴
　　それはいさかい好きな妻と似ている。
　　彼女を制することは風を制すること
　　右手で香油をつかむこと。

箴言の教え・その5：神の御姿を反映する人

　箴言の読者は、女に関して2つの側面から選択を迫られている。ここまで本章で、妻とよその女との選択に焦点を当ててきた。確かに、いさかい好きで疎ましい妻もいるかもしれないが（このような指摘は、若い男に早急な結婚を思いとどまらせる効果があるかもしれない）、だからと言ってその妻と離れるべき、また見捨てるべきだとの助言はない。また反対に、よその女との密通がいかに魅力的であったとしても、それは何としても避けるべき関係である。妻との関係は命への道であるが、他の女との関係、特に他人の妻との関係は、死に至る道となるかもしれない。

　この図式は、現時点ですでになじみのあるものだろう。本書の第3章では若い男性読者に、知恵の女と愚かな女のどちらを選ぶかの決断を箴言1-9章が迫っていることを学んだ。この二人の女について詳しく調べると、前者がヤハウェの知恵、すなわちヤハウェご自身との関係を表すことが分かった。一方、後者の愚かな女は、男を誘惑する偶像を表していた。

　そして今、私たちは、知恵の女の姿を反映したのが妻であり、愚かな女の姿を反映したのが見知らぬ女であることが分かった。前者と一緒になれ

168

ば命に至り、後者と一緒になれば死に至る。

　そこで、父は息子に知恵の女と親密な関係を築くよう忠告し、性的な表現を用いることで強く説得している。

　　　知恵は、それをつかむ人にとって命の木。
　　　知恵を保つ人は幸いである。(3：18)

　　　知恵を捨てるな、それはあなたを守る。
　　　分別を愛せ、それはあなたを見守る。
　　　知恵の初めとして知恵を得よ。
　　　あなたが得たすべてを尽くして分別を得よ。
　　　知恵を尊べ、それはあなたを高める。
　　　知恵を抱けば、それはあなたを重んじる。
　　　それはあなたの頭に麗しい花冠を与え
　　　誉れある冠を贈る。(4：6-9)

　確かに、知恵の女との強い関係（上記に基づくなら妻との関係）は、見知らぬ女との律法に背く関係を防御する手段となるのである。

　　　また思慮と英知は、あなたをよその女から、
　　　ことばの滑らかな見知らぬ女から救い出す。(2：16、新改訳2017)

　では、知恵はどのようにしてこれを実現するのだろうか。第一に、知恵の女との関係はヤハウェとの関係の鍵となる。知恵を愛する者はヤハウェを畏れ、その結果、主の律法に従う。彼が姦淫の罪に手を染めないのは言うまでもない。第二に、知恵を得る者は常識をも得、状況の本質を見抜くことができる。美しいよその女と関係を持つことは、表面的には良さそうで楽しいものに思えるかもしれない。しかし、それを実行する者には無数の問題が待ち構えている。そのような状況に盲目的につまずくのは、愚か者だけである。

結論

　この章も終わりに近づいたところで、初めの結論に戻ってきたようだ。興味を引きつけるような形で話を進めてきたが、女について箴言の示す教えは概して単純明快である。愚かな女を象徴するよその女を避け、知恵の女を象徴する有能な女を愛せよ。箴言を読む女性の読者たちは、これを反対の性に置き換えて適用していただきたい。愚かな、よその男を避け、有能な男を愛せよ。その結果は、男女いずれも変わらない。命に至るか死に至るかである。

関連箇所

箴言2：16-22、3：13-18、4：4-9、5：1-23、6：20-35、7：1-27、
　8：1-36、9：1-18、11：16、22、12：4、22、14：1、21：9、19、
　22：14、23：26-28、25：24、27：15-16、29：3、30：18-23、31：2-3、
　10-31

さらなる考察のために

1．「良い」、または「悪い」女または妻を評価する箴言の基準について、どう思うか？

2．男性の読者へ。あなたの女性に対する態度を、箴言の言葉に照らして評価してみよう。

3．女性の読者が、夫または男を妻または女に入れ替えて読む場合、どのような調整が必要になってくるだろうか？

4．女性の読者へ。あなたの男性に対する態度を、箴言の言葉に照らして評価してみよう。

5．結局この教えは、神学と何の関係があるのだろうか？

第12章

賢い言葉と愚かな言葉
WISE WORDS,
FOOLISH WORDS

「棒や石は骨を折るかもしれないが、言葉は少しも傷つけない（Sticks and stones may break my bones, but words will never hurt me）」という格言がある。巧みな言葉だが、これは賢者による格言ではない。箴言によると、言葉は命をもたらすか、死を招くかのどちらかだという。言葉は決して無害ではない。この主題を扱った箴言が数多くあることからも分かるように、言葉は賢い人にとって非常に重要なものである（本章末の関連箇所リストを参照）。

結局のところ、箴言は人生の舵取りを首尾よくこなすための助言の書であり、その助言は書物として、もしくは口頭で伝えられる言葉という形で私たちに示される。書物の中では、語られる内容だけでなく、メッセージの伝え方にも細心の注意が払われている。実際、箴言の著者である賢者は、とりわけ最も印象深い描写を選び取って、弟子たちに賢い言葉と愚かな言葉の違いについて説明し、助言した。

言葉と心

イスラエルの賢者にとって（男女共に）、なぜ言葉がそれほどまでに重要なのか。それは、言葉が心の状態を映し出すことを、彼らがよく理解していたからである。箴言12章23節の言葉を例に挙げてみよう。

賢い人は知識を隠し持つ。

愚かな心*1は無知をさらけ出す。

16章23節は、知恵の側面について次のように述べている。

知恵ある心はその口に悟りを与え
唇に説得力を加える。

また18章4節では、知恵と賢い言葉の深い関わりを力強く知らしめている。

人の口の言葉は深い水
知恵の泉から湧き出る流れ。

言葉と心のつながりも、この二つの言葉（言葉と心）が度々並行して取り上げられる理由を説明している。

正しき者の舌は精選された銀
悪しき者の心は無に等しい。（10：20）

その一方で、お世辞にはゆがんだ心が隠されていることがあると、賢者に警告を与えている。

混じりもののある銀で覆われた土器。
それは、唇は熱いが心の悪い者。（26：23）¡

土器を覆う釉薬(うわぐすり)は、器の外側に美しい光沢を与えるが、それはほんの表面だけである。後に取り上げるが、言葉に気を付けることは、結果が伴うからこそ大切なのである。そのことを裏付けるように、26章24-26節には

---

*1 ヘブライ語ではここに「the hearts of（の心）」が入るが、NLTには反映されていない。訳注：NLTでは「...but fools broadcast their foolishness.」、新改訳聖書では「愚かな者」とあり、NLTと同様である。フランシスコ会聖書研究所訳では「愚か者の心」。

次のように記されている。少し長いが引用してみよう。

> 唇では取り繕っていても憎悪を抱く者。
> その腹には欺きがある。
> 声が品良く響いても信用するな。
> その心には七つのいとうべきことがある。
> 憎しみをごまかし隠しても
> その悪は会衆の中で明らかにされる。

　こうして、疑惑は確信へと変わる。愚かな者は、彼らの胸中を永遠に隠し通すことはできない。彼らが口にするあらゆる醜い言葉に、その本質が滲み出てくるからである。

言葉と現実

　先ほど、言葉にはその語り手の心の実態が反映されることを確認した。確かに、一時的に自分の性格をごまかせる人はいるが、長くは続かない。箴言は一方で、賢い言葉は外の世界の現実と一致するが、愚かな言葉は心と世界とのつながりをゆがめてしまうと認めている。
　この点について、12章17節がじつに簡潔な言葉で説明している。

> 真実を語る人は正義を現す。
> 偽りの証人は欺く。

　真実は現実に合致し、嘘は現実をゆがめる。この言葉の簡潔さは、箴言が、ポストモダンの時代よりもはるか以前のものであることを思い起こさせる。ポストモダニズムにおいて、言葉とそれの現す対象との結びつきは、いたずらに損なわれている。[2]（箴言は、私たちの周りの現実を曲がりなりにも適切に表現できると仮定している。この捉え方は、率直に言えば、現代のポストモダンの著述家に

---

[2] Kevin Vanhoozer, *Is There a Meaning in This Text? The Bible, the Reader, and the Morality of Literary Knowledge* (Grand Rapids, Mich. : Zondervan, 1998)を参照。

よる書物の多くを愚か者のざれ言と見なすものである）

　繰り返すが、聞こえの良い言葉が愚かな心を隠すように、嘘は一時的に真実となり得る。しかし、真の勝利は、物事の本質を捉えた言葉に与えられる。

　　真実を語る唇はいつまでも確か。
　　偽りの舌は一瞬のもの。（12：19）

　それゆえ賢い人は、自分の語る言葉が現実を反映しているかどうかに注意するよう警告されている。

　　よく聞きもせずに言葉を返す
　　無知も恥辱もこういう者のこと。（18：13）

　これらはすべて、誰の言葉が真実で、誰の言葉が偽りであるかを見極めることが、いかに大切かを示している。

　　最初に訴えを起こす者は正しく見えるが
　　隣人が来て、それを尋問する。（18：17）

偽りの言葉の解剖学

　愚かな者はあらゆる方法で偽りの言葉を語る。大げさに話したり単純に嘘を言ったりして、実態を曲げて伝えるのである。しかし、事実であったとしても、不適切なタイミングで語られたり、悪意をもって語られたりすることで偽りの言葉となることもある。

　いかなる場合でも、このような言葉はその語り手を愚か者と定めてしまう。じつのところ、箴言の中で「愚か者」を表す最も強い言葉として「嘲る者」（動詞の語根 lys から派生する lason、ラーツォーン）があるが、これらは悪質な話し方を指している。嘲る者は、人を傷つけ、笑い、愚弄するために言葉を用いる。実際、一連の箴言によると、愚かな言葉の最終的な意図は害を及ぼすことである。

　　正しき者の頭には祝福があり

　　悪しき者の口は暴虐を隠し持つ。(10：6)

　　悪しき者の言葉は人の血を流そうとうかがう。

　　正しい人の口は自らを助け出す。(12：6)

　　嘲る者を追い出せば、いさかいも去り

　　争いも侮辱もやむ。(22：10)

　最後に引用した箴言からも、偽りの言葉の害は人間関係に集中していることが分かる。愚かな者の言葉は、人を結びつけるのではなく、むしろ人を引き裂いてしまうのである。

　人間関係を壊してしまう偽りの言葉は、さまざまな形に姿を変える。ここで、箴言で取り上げられている愚かな言葉のカテゴリーをいくつか見ていきたいと思う。

　虚偽　箴言の指す愚かな言葉の中で、最大のカテゴリーは虚偽である(*seqer*、シェケル、または*kezeb*、ケゼブがヘブライ語で最も一般的な語)。虚偽は真実をねじ曲げ、聞き手を欺く。箴言の賢者は度々、裁きの場での真実の重要さを述べている。14章5節は、これについて簡潔な見解を示している。

　　真実の証人は虚偽を語らない。

　　虚偽を吐く者は偽りの証人。

一方で14章25節は、真実と虚偽の違いを非常に強い語彙で表している。

　　真実の証人は人の命を助け出す。

　　虚偽を吐く者は欺く。

神は虚偽を語る者を嫌われる。6章16-19節で列挙されているように、

神は欺く者を恥とされる。

> 主の憎むものが六つ
> 心からいとうものが七つある。
> 高ぶる目
> 偽りを語る舌
> 無実の人の血を流す手
> 悪だくみを耕す心
> 急いで悪に走る足
> 虚偽を語る偽りの証人
> 兄弟の間に争いを引き起こす者。

　神が虚偽を語る者を嫌われる（同様に正しい人も虚偽を憎む・13章5節）のは、他の人に危害が及ぶからである。25章18節はこれについて力強く表現している。

> 棍棒、剣、鋭い矢
> それは友人について偽りの証言を立てること。

　虚偽は、次のうちいずれかの方法で危害を与える。一つは、過去をわい曲し、誤った知識に基づいて受け手が行動すること。もう一つは、未来を歪曲し（欺きの約束）、決して実現しない合意された条件に受け手が依存することである。虚偽の性質を考えれば、愚かな人が多くの議論に巻き込まれるのは当然のことだろう。

　論争　以下で見るように、賢い人は、必要であれば強い言葉を用いることをいとわない。しかし愚かな人は、ただ争うために争っているように見える。愚かな人は争いを好み、また26章21節によると、瞬く間にそれに巻き込まれる。

おき火には炭、火には薪
争いを燃え上がらせるのはいさかい好きな者。

　その一方で賢者の助言は、賢い人は、争いにできる限り関わるなという
ものである。

　関わりのない争いに息巻く者は
　通りすがりの犬の耳をつかむ者のよう。(26:17)

　論争は人間関係に混乱をもたらす。もちろん、争うべき時もあるだろう
が——それは26章4、5節で検討した助言の裏返しのようである——どの
いさかいに加わるかは、よくよく考えて選ぶのが賢明である。

侮辱または悪口

　偽りの唇は憎しみを隠し持ち
　愚かな者は悪口を吐き出す。(10:18)

　父と母を呪う者
　その灯は闇のただ中で消える。(20:20)

　愚かな人は時に、言葉を用いて他人を真正面から攻撃し、その人の性格、
行動、外見などについて悪意のある発言をすることがある。これもまた、
正しい人なら褒め言葉しか語らないというわけではないが、愚かな人によ
る侮辱や悪口は、相手を傷付け、けなし、恥をかかせるためだけのものだ。
その結果、この場合も破壊されるのは人間関係である。

うわさ話または陰口

　中傷して歩く者は秘密を漏らす

真実な思いを持つ人は事を覆い隠す。（11：13）

陰口を言う者の言葉はごちそう。
腹の隅々に下って行く。（18：8）

　陰口は、不確かな証拠に基づいて他人の否定的な評価を広めることである。そのような評価は、その人を傷付けるためのものであって、助言ではない。うわさ話は結果的に真実であるかもしれないが、だからといって、うわさを広める人の罪が消えることにはならない。真実であっても、それを不適切な人に不適切なタイミングで広めることになる。
　興味深いことに、箴言において忌むべきものとされているのは、うわさ話をすることだけでなく、それに耳を傾けることもそうである。

悪をなす者は悪の唇に思いを向け
偽る者は欲望の舌に耳を傾ける。（17：4）

　お世辞または自慢話　お世辞と自慢話では、違いが色々あるだろう。しかしどちらも、他者や自分が認めているよりも意図的に良い話をすることであり、たいてい自己宣伝と同じ目的で語られる。人が相手を大袈裟に褒めてお世辞を言うのは、密かに自分のために何かを得るためか、はたまた相手を傷つけるためである。お世辞の典型的なケースは異国の女の姿である。彼女は若い男の人間関係やキャリアに害が及ぼうと、自分の目的のために彼を利用しようともくろむ。

彼女は多くの言葉で彼を説き伏せ
唇は滑らかに彼を誘う。
彼はたちまち女の後に従った
屠り場に行く雄牛のように
罠に急ぐ鹿のように。（7：21-22）

お世辞で取り繕ったうわべは、現実を映し出さない。

> 混じりもののある銀で覆われた土器。
> それは、唇は熱いが心の悪い者。（26：23）

　一方で自慢話は、語り手を必要以上に良く見せようとする。たとえその人が偉大なことを成し遂げていたとしても、それを自己宣伝するのは不適切である。

> 自分の口で褒めるのではなく、他人に褒めてもらえ。
> 自分の唇で褒めるのではなく
> 異国人に褒めてもらえ。（27：2）

　虚偽、欺き、陰口、うわさ、侮辱、悪口、自慢、お世辞——これらは、愚かな言葉を作り上げる武器庫である。愚かな話ぶりには、彼らの頭である愚かな女の言葉が反映されている。彼女は虚偽を語り、聞き手を傷つけるために欺く（9：13-18）。愚かな人の言葉は他人に害を与えるだけでなく、最終的には、語る本人も少なからず傷を負う。では、この最後の議題を掘り下げる前に、賢い言葉の特徴についても考えてみよう。

賢い言葉の解剖学

　愚かな人の言葉が愚かな女を反映しているように、賢い人の言葉は知恵の女を反映している。以下は知恵の女の言葉である。

> 私の口はまことを唱える。
> 私の唇がいとうのは不正。
> 私の口の言葉はすべてが義であり
> そこには曲がりもゆがみもない。
> その言葉のすべては、分別ある人には正しく
> 知識を得た人にとってはまっすぐ。（8：7-9）

　したがって、賢い人の言葉は真実であり、助けになる。傷つけるより癒やしを、死を与えるより命を与える。

　　正しき者の口は命の泉。
　　悪しき者の口は暴虐を隠し持つ。（10：11）

　箴言によると、賢い人の言葉は——繰り返すが、悪しき者と比較すると——口数は少なく、穏やかである。確かに、箴言には主要な教えの一つとして、沈黙の重要さが記されている。

　　口を自ら制する者は命を保ち
　　いたずらに唇を開く者は滅びる。（13：3）

沈黙は、愚か者の無知でさえ隠すことができると、箴言17章28節に書かれている。

　　無知な者でも黙っていれば知恵ある人と思われ
　　唇を閉じれば分別ある人だと思われる。

　言葉数を少なくし、さらに普段から穏やかな口調で語るべきである。

　　癒やしをもたらす舌は命の木
　　よこしまな舌は気力を砕く。（15：4）

　　親切な語り口は蜜の滴り
　　魂に甘く、骨を癒す。（16：24）

　その一方で、賢い人は必要な時に強い言葉を発する術を知っている。また賢い聞き手は自分の行動に必要な指摘を喜んで受け入れる。

明らかな懲らしめは
隠された愛にまさる。（27：5）

　このように、賢い人と愚かな人の言葉には雲泥の差があることが分かる。その差とは、真実と偽り、欺きと明晰さ。まさに、知恵の女の用いる言葉と、愚かな女の用いる言葉との差である。そのため、双方の言葉の結末もまた、相反するものであることに驚きはないだろう。その結末とは、命と死である。

賢い言葉と愚かな言葉の結末

　愚かな話しぶりは人を滅ぼし、賢い話しぶりは、人を建て上げるという結末をもたらす。箴言18章21節は、この問題について非常に明確に述べている。

死も生も舌の力によっており
舌を愛する者はその実りを食べる。（18：21）

　語ることで他人を傷つける者には死が待っている。しかしその前に、恥と不名誉が待っている。

よく聞きもせずに言葉を返す
無知も恥辱もこういう者のこと。（18：13）

また、トラブルをも生み出す。

唇の背きには災いの罠がある。
正しき者は苦難から逃れ出る。（12：13）

　この箴言は、愚かな話しぶりそのものが彼らに害を及ぼし、最終的には殺してしまうという、箴言全体に広く見られる考え方を示している。愚か

な人の言葉は彼らを打つむちである、という箴言は数か所に見られる。

> 愚か者の口には、高ぶりへのむち。
> 知恵ある者の唇は自分を守る。(14：3 新改訳2017) ii

　このように、愚かな話しぶりに伴う悲惨な結果が示されているのは、それによって他人、ひいては自分を傷つけることがないよう読者に警告するためである。同様に、建設的な話しぶりは報いを得る。その報いとは、「人は口の言葉が結ぶ実によって良いものを…食べる」(13：2) というような簡潔な事実から、「口を自ら制する者は命を保」つ (13：3a) というように、深刻な見解にまで至る。

まとめ：ヤコブ書から　舌を制することについて

　ヤコブ書は、多くの意味で新約聖書の知恵の書である。中でも、特に箴言と似ていて驚くのは、話す言葉についての教えである。ヤコブ書3章は、教会で教える教師たちに向けられている。それは、彼らの話しぶりは、特に相手にとって啓発的にも破滅的にもなりうるからである。馬の口にはめるくつわや、船の舵取りなどの印象的な例えを用いて、舌は、いかに小さくとも、人生の方向性を変えてしまうほど多大な影響を及ぼすと指摘している。さらにヤコブは、小さな火が信じられないほどの壊滅的な火事になることもあると言う。舌を制御することは想像以上に難しいが、制御されねばならないのである。

　おそらく、舌を手なずけることの難しさからか、ヤコブは次に、真の知恵の源に目を向ける。ここでもこの新約聖書の著者は、箴言の伝統を理解したうえで、真の知恵は単に人任せの良いアドバイスではなく、「上から」来るということを教えている (ヤコ3：17)。このような知恵は、「平和のうちに蒔かれ」、「義の実」を収穫するようになる (3：18)。

関連箇所

箴言6：16-19、24、7：21、8：6-9、13、10：6、11、13-14、18-21、30、

32、11：9、11-13、12：6、13-14、17-19、22-23、13：2-3、5、14：3、5、25、15：1-2、4、7、23、16：13、23-24、17：4、7、20、28、18：4、6-8、13、17、20-21、19：5、9、20：15、19-20、21：23、28、22：10、25：9-11、18、20、23、25、26：4-7、9、17、20-26、28、27：1-2、5、14-16、29：5、8-9、11、15、19、30：10-11、17、32、31：8

さらなる考察のために

1．賢い言葉、愚かな言葉のおもな特徴をそれぞれいくつか挙げよ。

2．なぜ言葉には、人を励ましたり、落胆させたりする力があるのだろうか？

3．箴言で示されている言葉のカテゴリーに照らして、あなたがここ二日ほどのあいだに使った言葉について黙想してみよう。

4．あなたは言葉数が多すぎると思うか、少なすぎると思うか？ そう思うのはなぜか？

5．あなたの言葉に対する人の反応について考えてみよ。その反応は、あなたの意図したとおりの効果を示しているだろうか？

6．①決断や計画 ②怒り ③プライド ④贈賄や贈り物 ⑤酒 ⑥友情 ⑦隣近所との関係──これらからテーマを一つ選び、それに適した箴言を選び出し、その内容を黙想してみよう。

i. JLB では「素焼きの土器でも、きれいな上薬をかければ上等に見えるように、お世辞がうまいと悪意を隠せます。」
ii. 聖書協会共同訳では、「無知な者の口には高ぶりの芽。知恵ある人の唇は自分を守る」。

まとめ

『箴言』を読むときの原則
PRINCIPLES FOR READING
THE BOOK OF PROVERBS

これまでの本書での探究から導き出された原則は、箴言を読むうえで最大限の益を得るための助けとなるだろう。ただしこれらの原則は、本書で言及した各章を一とおり学んでから用いていただきたい。以下の各原則には、それに対応する章を括弧で記してある。

1. 箴言のどの箇所を読む場合も、書物全体の構成を念頭に置く。特に、箴言1-9章で展開され、8-9章でクライマックスを迎える「道」と「二人の女」の比喩表現は、どの箇所を読む場合もそのイメージに照らして読むべきである（2、3章）。
2. 並行法を用いる箴言は、二つ目の句が一つ目の句の内容のどこに焦点を絞っているか、あるいは強めているかを問い、考察する（4章）。
3. 比喩表現を見極めて、比較されている二つのものの共通点・相違点を問い、ひも解く（4章）。
4. 読んでいる箇所の知恵の源について考える。それは見解、経験、伝統、啓示のいずれか、または二つ以上の組み合わせからきたものかを考える（5章）。
5. その箇所は、見解、助言、警告、黙想、またはその他の類の訓戒に当てはまるか（5章）。
6. 箴言は、あらゆるすべての状況に当てはまるとは限らないことから、

その箴言がどの状況に適用でき、どの状況に適用できないかを問う（5章）。その判断基準は何か？

7．その箴言は、従順、または不従順の結果として生じる報いや罰を示唆、または暗示しているかを問う（7章）。

8．もしその箴言が若い男に向けて書かれたものなら、自分自身にはどう適用されるかを問う（2章）。

9．注解書を用いて、考察している箇所の近東文化の背景を学ぼう（6章）。
（付録2に挙げている注解書を参照。以下も参照することを薦める。：*The IVP Bible Background Commentary: Old Testament* by John H. Walton, Victor H. Matthews and Mark Chavalas ［Downers Grove, Ill.: InterVarsity Press, 2000］．）

10．テーマ別の学びをするときは、箴言全体を通読し、関連性のある箇所を挙げる。それらをグループ分けし、グループごとに学ぶ（10-12章）。

11．あなたが学ぼうとする箴言の真理を体現していると考えられる聖書の物語や人物探してみる（8章）。

12．あなたが学ぼうとする箴言のテーマや教えを、新約聖書は取り扱っているだろうか（12章）。

13．キリストこそが知恵の成就であること、そして自分の読んでいる箴言が、いかにキリストを体現しているかについて考察する（9章）。

結びの言葉

FINAL WORD

　神は、ご自分の民への贈り物として箴言を与えられたが、その重要性は、その古さによって損なわれることはない。人生はつねに複雑である。毎日、大なり小なり問題が起こる。最も大切な人間関係や、幸せで健康な暮らしに影響を及ぼす大きな決断や行動が求められない週などない。

　箴言は、そのような危険な人生を航海する私たちを助けてくれる。箴言は、私たちが人生を最大限に楽しみ、有意義に生きることができるよう助言を与え、必要な見解を示してくれる。このように考えると、箴言が自己啓発本として分類されてもおかしくはない。

　しかし、それは間違いである。箴言は、生きるための優れた洞察を集めただけの書物ではない。私の人生の原動力は何なのか、あるいは何であるべきか、私は知恵の女と関係を持つか、それとも愚かな女と関係を持つか、神を選ぶか、あるいは偶像を選ぶか、という最も基本的な人生の選択肢を、その冒頭から私たちに突きつけてくる徹底した神学書なのである。クリスチャンの読者は、特にこの選択と向き合わなければならない——新約聖書の教えが照らし出す知恵の本質、すなわちイエス・キリスト、神の知恵の極致は、果たして私の人生の決断と行動の中心におられるだろうか？

付録1 『箴言』の著者と執筆時期について

AUTHORSHIP AND DATE
OF THE BOOK OF PROVERBS

　この議論を本書の巻末に、しかも付録として私が位置付けたことに多少なりとも驚く人がいるかもしれない。このように構成した理由は、この議題に関して私の見解が特別に論議を呼ぶものだとか、このテーマは面白くない、重要でないと思うからではない。それよりも本書が、「箴言の読み方」という内容である以上、正直なところ、箴言の著者や執筆された時代などが、その理解に与える影響はほんの僅かか、あるいはまったくないとも言えるからである。とはいえ、この問題について疑問を抱いている読者は多くおられるだろう。そこで、ここから箴言の成り立ちについて分かっていることに目を向けてみよう。

著者
　箴言の著者は、「イスラエルの王、ダビデの子ソロモンの箴言」（箴1：1）とあるとおり、冒頭の一節で確立されていると考える人は多い。しかし、読み進めていくと、問題はより複雑になっていく。他の箇所に、著者がほかにいると主張するかの見出しが付けられているからだ。例えば、22章17節や24章23節には、「知恵ある人」という名前（複数人の集まり）が登場する。また、30章1節や31章1節には、アグルとレムエルという無名の王の名前がそれぞれ記されている。10章1節、25章1節には、ソロモンの名前が再び記されているが、25章のほうでは「ユダの王ヒゼキヤの下にある人々が筆写したもの」という、ある種の役割を持つ人の存在が示されている。したがって、箴言を最後まで読むと、著者の問題はさほど単純ではないことが分かる。

実際、箴言の執筆時期については、かなりさまざまな意見がある。両極の意見は予測がつく。非常に保守的な学者は、直接の執筆者とされる部分をソロモンが執筆し、書物に定期的に名前が出てくる他の知恵者たちの言葉を集めて発表した、と主張している。[*1] 他方では、この書物にソロモンと直接関連づけられるものは一切なく、あくまでソロモンの伝説的な知恵の賜物ゆえに、彼と結び付けられているにすぎない主張する学者もいる。[*2]

現在の学者の多くはソロモンの貢献を、10章1節から22章16節、および25章1節から29章27節に限定している。これらは箴言の主要部分であり、おそらく最も初期の内容であるとされる。したがって、その箴言の第1節で、ソロモンがこの格言集の中心的な貢献者であり、主唱者であると示しているのは、確かに適切と言えよう。結局のところ、ソロモンと聖書の知恵とのつながりが、列王記の歴史物語の主要テーマである。彼は神に知恵を求めて祈り、知恵を受け (王上3：1-15)、実践的な場でその知恵を実証している (3:16-28)。世界中の誰よりも、ソロモンの知恵は長けていた (5:9-11)。そのすばらしさは、彼の噂を聞いて、その信憑性を確かめようと遠路旅をしてきたシェバの女王をも驚かせたほどであったという (10：1-23)。その知恵により、箴言が盛んに作られるようになった。列王記上5章12節は、それらの箴言のうち三千は、ソロモンによるものであったと述べている。

箴言に挙げられている他の著者については、ほとんど何も明らかになっていない。アグルとレムエルという名前もここで登場するだけで、追加の情報はほとんどない。「知恵ある人」は、おそらくその称号から、宮廷に仕える専属の学者であると考えられるが、あくまで匿名である。

他に唯一名前が挙がっているのは、前述のヒゼキヤ王の助言者たちである。ユダヤ教の初期の伝統では、箴言の著者は彼らであるとしていたかもしれない (「ヒゼキヤとその仲間が箴言を書いた」バパ・バトラ15a) i。箴言25章1節には、彼らが書記官であり、おそらくそれに加えて編集の役割を担っていたと明記されている。

---

*1 Gleason Archer, *A Survey of Old Testament Introduction* (Chicago: Moody Press, 1964), pp.476-77.
*2 C. H. Toy, *The Book of Proverbs* (New York: Scribner's, 1916), pp. xix-xx. 確かに、昨今の議論において、ソロモンは（ダビデや連合王国は言うに及ばず）、ヘレニズム時代のペルシヤ地方に住んでいた、ある特定の人々による架空の創作であると主張する学者に出会うことはまれではない。

執筆時期

　箴言は、他の格言集と同様、長い期間にわたって書かれたもので構成されている。しかし書物には、匿名の部分があったり、著者が示されていても、その人物の情報が何もなかったりするため、執筆期間については不明である。唯一確かなのは、ソロモン王（紀元前10世紀）とヒゼキヤ王（およそ紀元前700年）のみである。ヒゼキヤ王による箴言は、全体のほんの一部に限定されるため、さらに後に編集が加わって、そこで書物全体が整理され、短い序文（箴1：1-7）が加えられたと推測するのが妥当だろう。この最終的な編集の正確な時期は知られていない。

　箴言の他の部分が書かれた時期を相対的にも特定することは、事実上不可能である。ただし1章8節から9章18節が最後に書かれた箇所であることは、度々論じられている。学者たちはその証拠として、文体（スタイル）がより複雑で長いこと（2章は一つの文章から成るという見方もある）、より明確な宗教的視点が示されていること（特に知恵の擬人化）、そして一部の単語に見られる時代性（具体例として7：16の 'etun、エートゥーン「亜麻布」）などを挙げている。[3] 初めの二つの議論、文体と視点については、[4] フォン・ラートが抵抗を示したもので、これらは様式批評家の想像の産物だと否定した。[5]単語の時代性についての議論は、執筆時期を定める言語学的議論の難しさ、つまり確信を持てるほどの充分な証拠がない、という現実に直面する。カヤッツは近年、1章8節から9章18節とそれ以外の部分との違いは、年代よりも文体（スタイル）に関係があると指摘している。[6]

i. 楠訳

＊3　J. Alberto Soggin, *Introduction to the Old Testament* (Philadelphia: Westminster Press, 1976), p.384.

＊4　この点を最も強く論じたのは、William McKane, *Proverbs: A New Approach,* Old Testament Library (Philadelphia: Westminster Press, 1970).

＊5　Gerhard von Rad. *Wisdom in Israel* (Nashville: Abingdon, 1972), pp.24-50.

＊6　Christa Kayatz, *Studien zu israelitischen Spruchweisheit*, WMANT 28 (Neukirchen Vluyn, Germany: Neukirchener Verlag, 1968).

付録2 『箴言』の注解書

COMMENTARIES ON
THE BOOK OF PROVERBS

　以下の参考文献はどれも優れた資料である。ただし、すべての注解書が箴言のさまざまな分野を網羅しているとは限らないので、どれを手に取るかは、何を調べたいかによるだろう。またこれらの注解書は、それぞれ異なる神学的および方法論的視点から書かれている。

ケネス・T・エイトケン『箴言』（松平陽子訳、新教出版社 1995）

　　Aitken, Kenneth T. *Proverbs*. Philadelphia（Westminster Press, 1986） 日常使いのためのスタディ・バイブル。この読み応えのある注解書の興味深い点は、箴言10章以降の内容をトピックごとに並べていることである。

Clifford, Richard J. *Proverbs*. Old Testament Library Series. Louisville, Ky.（John Knox/Westminster, 1999） この注解書は、このリストに挙げた他の注解書に比べて文献批評、文献学、古代近東の背景に重点を置いている。彼のヘブライ語の意味についての説明は、他の注解書に比べてやや内容が薄いが、それでも非常に優れた解説である。

Fox, Michael V. *Proverbs 1-9*. Anchor Bible Commentaries. Garden City, N.Y.（Doubleday 2000） この注解書はすばらしい。理由はシリーズ自体が、他の注解書より深い議論の展開にスペースを割いていること、そしてフォックスが卓越した解釈者であることの両方である。唯一の欠点は、箴言の初めの9章しかカバーされていないことである。残りの部分の注解書が近い将来出版されることを願う。

デレク・キドナー『ティンデル聖書注解 箴言』（竹内茂夫訳、いのちのことば社 2012）

Kidner, Derek. *Proverbs*. Tyndale Old Testament Commentary Series. Downers

Grove, Ill.（InterVarsity Press, 1964）この短い注解書は、テキストに関して役立つ見解と注釈が書かれている。釈義学的に敏感であり、神学的にも有用である。

Longman, Tremper, III. *Proverbs*. Grand Rapids, Mich.（Baker, 2006）

McKane, William. *Proverbs: A New Approach*. Old Testament Library. Philadelphia（Westminster Press, 1970）この注解書は、30年以上も前［原書発行時］に出版されたものだが、今もその価値を保っている。ただし、批判的結論が多い。

Murphy, Roland E. *Proverbs*. Word Biblical Commentary Series. Nashville（Thomas Nelson, 1998）マーフィーは知恵文学の優れた解釈者である。

L・G・パーデュー『現代聖書注解 箴言』（高柳富夫訳、日本キリスト教団出版局 2009）

Perdue, Leo G. *Proverbs*. Interpretation Series. Louisville, Ky.（John Knox Press, 2000）この注解書は、箴言の字義的、文学的、構造的、倫理的、神学的な問題に焦点を当てている。批判的な見解ではあるが、控えめに提示されており、多くの良い視点が盛り込まれている。

Ross, Allen P. "Proverbs." In *The Expositor's Bible Commentary*. Edited by F. Gaebelein. Grand Rapids, Mich.（Zondervan, 1991）この注解書はすばらしく、このシリーズの中でも最高のものの一つである。ウィレム・ヴァンゲメレンによる優れた詩篇の注解書と対になっているため、必ず持っていて損はない。

Van Leeuwen, Raymond. "Proverbs." In *The New Interpreter's Bible*. Nashville（Abingdon, 1997. 5:19-264）この注解書は、本文を解説すると同時に神学的な考察も行っている。進歩的な福音派の視点から書かれており、箴言の注解書の中でも特に優れている。

Waltke, Bruce. *Proverbs*. New International Commentary on the Old Testament Series. Grand Rapids, Mich.（Eerdmans, 2004）

解 説

小友 聡（おとも・さとし）
東京神学大学教授
日本基督教団中村町教会牧師

　本訳書は、旧約学者トレンパー・ロングマンによる旧約聖書「箴言」の解説書であり、また「箴言」への最良の手引書である。おそらく、これまで書かれたどの「箴言」概説書よりわかりやすく、また最新の聖書学的知見に裏打ちされた優れた入門書だと言って良い。翻訳は原著の息吹をきちんと捉え、著者ロングマンの箴言解説の意図を詳らかにしている。ついては、本書の読者のため、本書をよりよく理解するために多少の解説を加えさせていただく。

1. 「知恵文学」について

　「箴言」という書は旧約聖書の知恵文学に属する。本書でも説明されているが、旧約の民イスラエルは知恵的な関心と伝統を有し、律法や預言などの諸文書のほかに、いくつもの知恵の諸文書を編纂した。それが「箴言」「ヨブ記」「コヘレトの言葉（集会者の書／伝道の書）」である。この3書が狭い意味で知恵文学（本書では、知恵の書）と呼ばれる。しかし、より広い意味では、知恵の詩編と呼ばれる詩編の一部（1編、32編、34編、37編、112編、128編等）も含まれる。さらに、最近では、一部の研究者が支持するように、雅歌も含まれることがある。箴言やコヘレトの言葉がそうであるように、知恵の権威であるソロモンの名が雅歌の表題に記されているからである。以上が正典の旧約聖書における「知恵文学」であるが、正典以外にも、外典（旧約続編）の「ベン・シラ（集会の書）」や「ソロモンの知恵（知恵の書）」がイスラエルの知恵文学の伝統を示し、これらはカトリック教会で尊重されている。

　旧約聖書の知恵文学は一般的に箴言、ヨブ記、コヘレトの言葉と限定してよいのだが、この3書を知恵文学と一括りにするには問いも生じるだろう。箴言は格言集であり、ヨブ記は詩文を含んだ義人ヨブをめぐる壮大な物語、また、コヘレトの言葉は難渋な論文体で記されているからである。しかし、いずれも、イスラエルの知恵という独特な思考で表現された信仰的遺産である。フォン・ラートという20世紀を代表するドイツの旧約学者は『イスラエルの知恵』という名著を著わしたが、彼はイスラエルの知恵を、宇宙と世界の法則・秩序を探究する実用的な知的営みとして説明した。つまり、今日的に言えば、自然科学や人間科学を総称した知性の集大成ということになる。ヨブ記38-42章には神が統治する自然世界の驚異的姿が表現されるが、それは天体学的、気象学的、動植物学的な、いわば百科全書的知恵の集成である。そのような知的探究心が旧約の知恵文学を産み出した。

　一方で、旧約聖書の知恵文学は歴史的な変化を表出している。箴言の知恵は、基本的に因果法則的ないわば楽観的思考と言ってよい。それに対して、ヨブ記とコヘレトの言葉の知恵は悲観的な性質を有する。ロングマンも指摘しているが、知恵の楽観性は応報思想に通じるものがあり、対して悲観性は応報思想への疑念から生じる。必ずしも図式的には説明できないが、知恵による秩序ある世界認識が成り立つ時代から、それが崩壊し、伝統的な知恵では世界を見通せなくなる混迷した時代へと変遷した結果、知恵のありようが大きく変化したと言える。王国時代から捕囚期、捕囚以後の時代へと変遷するにしたがい、箴言、ヨブ記、コヘレトの言葉という独特な知恵文学が生み出されたのである。

2.「箴言」について

　箴言という文書は、旧約聖書学では統一性を有する一つの文書とは扱われない。それはロングマンも指摘している。一般的には、1-9章と10章以降は区別される。箴言には冒頭に「ソロモンの箴言」という表題が付いているが、それに当てはまるのは10章以降である。しかし、25章1節に「ヒゼキヤ王」の名があるように、10章以下もソロモンの時代に書かれたとは

見なされない。30章にアグル、31章にレムエルという異国の王の名があり、複雑に編集された書であることが分かる。1-9章がそうであるように、箴言は捕囚後、ギリシア時代に成立したと説明される。つまり、ソロモンの時代から700-800年後に成立した知恵の文書だということになる。

　箴言の研究史は、箴言という文書がイスラエル固有の知恵文学ではなく、古代オリエント世界において共通の知恵文学に影響された国際的な文書という見方に支配された。20世紀はじめ、エルマンによって、エジプトの知恵文学である「アメンエムオペトの教訓」との密接な関係が説明され、この発見は決定的であった。これは紀元前12世紀頃のものと言われる。ソロモン以前であるが、現在でも、箴言をイスラエル固有の文書であることに疑問を示す学者も多い。翻訳聖書においても、22章17節から24章22節は、「知恵ある人の言葉」という小見出しを付けて、この部分が箴言の中で固有の区分として扱われる。

　けれども、ロングマンが指摘するように、箴言は古代オリエントの知恵文学をそのまま引用した文書ではない。イスラエルに固有なヤハウェ信仰によって書かれた知恵文学であると説明されねばならない。「神を畏れる」という神学に基づいて、イスラエル独自の神学的思考において表現された知恵の文書であるというロングマンの指摘は、今日、重要な箴言理解として正当に評価される。

3. 本書の特徴

　本書は、ロングマンの箴言解釈の要約と言ってよい。ロングマンは現在、英語圏において最も重要な知恵文学の研究者の一人であり、著名な学者たちによる *The Oxford Handbook of Wisdom and the Bible*, 2021において、「知恵の神学」という項目を執筆している。彼の箴言の注解書もよく知られている。

　本書はロングマン自身の箴言注解にしたがい、箴言の内容とメッセージを一般の読者のために丁寧に記した書である。それは、目次からもわかる。全体は3部構成で、第1部が箴言1-31章の筋書を大まかにたどっている。第2部は箴言という文書の位置づけや思想について説明している。第3部は箴言の主題的テーマ、富と貧困、女性との正しい関係、賢い言葉と愚か

な言葉について述べる。本書は箴言の学問的権威者による解説であるにもかかわらず、箴言を知らない読者にも分かりやすく説かれている。ロングマンにしか書けない箴言解説である。

　本書の特徴は、著者ロングマンの箴言理解にある。その前に、まずロングマンが知恵を「生きる術」と捉え、単なる能力（IQ）より、心の知能（EQ）と説明する点を指摘しておく。彼は箴言解釈の研究史的状況を熟知したうえで、しかし、箴言を複雑に編集された文書とは見ない。また、成立の時代を独断することはせず、箴言というテキストの最終形態を尊重し、そこに表現される普遍的メッセージを読み取ろうとする。さらに、知恵文学としてヨブ記やコヘレトとの関係を詳らかにし、旧約の知恵的な物語であるヨセフ物語やダニエル物語と比較しながら、イスラエルの知恵の伝統、また箴言の知恵の独自性を説明する。ヨセフもダニエルも夢を解釈する知恵を有する者として、箴言の知恵と関わるからである。このような著者のアプローチは、箴言を知恵文学としてきちんと理解しているからにほかならない。じつに見事な箴言概説書である。

4. 本書の意義

　本書には「命に至る人生の舵取り」という副題がついている。これは、現代という文脈において、箴言をどう読むかを本書で道案内をしていることである。そのための著者の方法論は次のとおりである。「（箴言において）用いられる比喩や概念は古代のもののままである。したがって、箴言は表面的に読むべき書物ではない。私たちの生活に適用する前に、まず時間をかけ、熟考し、古代の世界を再構築しなければならない。それから、私たちの知識と想像力を活かして、現代に当てはめていくべきなのである」（89頁）。これによって、箴言の読み方とふさわしい適用が成立する。

　箴言という書を直接無媒介に現代に適用すると、安易な読み込みになる。たとえば、「よその女」と関係を結ぶことへの警告が頻出するとしても、異教徒の女性は愚かで、近づくべきでないと読み取ることはできない。ロングマンは箴言の背景にある時代状況を考え、擬人化という箴言の比喩的レトリックをきちんと説明して、適用することを勧める。興味深いのは、箴

言には表現上の矛盾や不整合もあり、それを読み解くことが求められる、という指摘である。愚かな女性について言及があっても、女性が男性より劣っていると読むべきではないともロングマンは述べている。箴言は命に至る人生の舵取りをしてくれるが、箴言の言葉の真意をよく吟味して、信仰生活に生かすことが勧められている。

　本書では箴言が新約聖書とつながることをも指摘している。主イエスがしばしば喩（たと）えを語ることは、箴言の知恵と呼応している。真の知恵はすべて「キリストの内に隠されている」と語るパウロの言葉（コロサイ2：3）は至言である。

　本書の意義についてもう一点、触れておく。各章の結びに「さらなる考察のため」幾つかの問いが立てられる。箴言を深く理解し、適用するために読者が考え抜かねばならないことを著者は教えている。現代において箴言を聖書的に理解するために、本書の果たす役割は大きい。

訳者あとがき

銀を求めるようにそれを尋ね
隠された宝を求めるようにそれを探すなら
その時、あなたは主を畏れることを見極め
神の知識を見いだすだろう。（箴2：4-5）

　この御言葉は、私がアメリカの神学校に在学中、神学の学びに最も挫折しそうになったときに与えられました。今回の翻訳を終え、私は再度強く、この箴言の言葉に語りかけられているように思います。知恵を「隠された宝」として尋ね求め、探す、その真剣さを問われているようです。
　トレンパー・ロングマンによる本書『「箴言」の読み方』は、『*How to Read Proverbs*』という原書タイトルのとおり、聖書の『箴言』という知恵の書の一つをいかにして読み理解するか、その方法を記した、いわゆる「ハウツー」本であるかに見えます。しかし本書を読み終えると、そのように単純に言い切れないことが分かるはずです。ロングマンは本書の結論に、箴言は「最も基本的な人生の選択肢をその冒頭から私たちに突きつけてくる、徹底した神学書」であると記しました。著者の示す地図に照らして読むことで、これが短絡的な励ましや戒めを得るためだけの格言集などではなく、神の知恵を選び取って生きる人生のための書として、その深みに踏み込む感覚を得るのではないでしょうか。古代の文化背景と知恵文学の伝統が豊かに反映されたメッセージが、かつてないほど活き活きと語りかけてくることと思います。
　本書は、「隠された宝」である知恵を、果たしてあなたは選び、求め、探すのか、それともこの宝に背を向けるのか、と私たちに問いかけてきます。知恵の女と愚かな女の暗示するところは、まさに命と死という究極の結末

です。箴言を通して突きつけられるこの選択に、私たちはどのように応答したらよいのでしょうか。

本書は、*How to Read Proverbs*(IVP Academic 2002) の全訳です。原書の著者注は巻末に付してありますが、邦訳では読者の便を考え、脚注としました。著者トレンパー・ロングマン博士（1947 年生まれ、カリフォルニア州サンタバーバラ在住）は、特に旧約聖書の研究で知られる聖書学者で、この分野の第一人者として、旧訳聖書の文学的、歴史的、神学的文脈に基づいた解釈学を長年にわたって深く探究し続けています。1977 年ペンシルベニア州フィラデルフィアにあるウェストミンスター神学校（Westminster Theological Seminary）で神学修士号（M.Div.）を取得後、1983 年にイエール大学で古代中近東研究の博士号を取得しました。ウェストミンスター神学校などで18年間教壇に立ち、1998 年から 2017 年の退職まで、ウェストモント大学でロバート・H・ガンドリーの名を冠する聖書学の教授として教鞭を取りました。著書は数多く、それらは学術的に信頼性が高い研究であると同時に、難解な聖書の解釈を一般の読者にも分かりやすく解説することに定評があります。また英訳聖書 New Living Translation の主要訳者の一人でもあります。彼の初めての邦訳が、『旧訳聖書の基本』（*Introduction to the Old Testamen: A Short Guide to Its History and Message* 老松望、楠望、竹田満訳）として、いのちのことば社から出版されたばかりです。

ここで本書を翻訳するに至った経緯を少し紹介させていただくと共に、関わってくださった方々への感謝を記したいと思います。

2004-06 年、私はニュージーランドでの大学生活中、知り合いの宣教師の勧めで神学の学びに初めて触れ、その深い喜びを知り、信仰の土台を得ました。そのときに大きく影響を受けた本の多くは日本語に訳されていませんでした。その現実を残念に思うのと同時に、これらを日本のクリスチャンに紹介したい、神学を学ぶ喜びを伝えたいという一心で私は、米国にある Westminster Seminary California での学びを決意しました。そこでは、山のように積み上げられた大量の課題図書を読みました。しかしここでも、

日本語で読める本はほとんどありませんでした。私はかねてから志していた翻訳という働きを通して、少しでも日本語での神学の学びに貢献することを強く願うようになりました。

そうするうちに、日本語で読める神学の専門書の充実を願う同志たちが集められました。2019年、翻訳の技術を磨きたいという私の願いに対し、神学教育の現場に立つ老松望さん（大坂聖書学院教師）から「勉強会という形で1冊訳してみよう」と、実際に現場で需要を感じる本を提示してくださいました。それが本書の翻訳作業の始まりでした。この勉強会には、日本での学生宣教に携わっておられるKGK（キリスト者学生会）スタッフのケリー・ニコラスさんも加わり、英文の細かいニュアンスなど丁寧に助けてくださいました。すべての翻訳を仕上げることができたのは、お二人の忍耐とコミットメントのおかげです。さらに、同じ志を持つ宮下牧人さん（サムライ・プロジェクツ アソシエイトディレクター）が積極的に加わってくださり、働きを継続するために、翻訳ミニストリー TREE（Translating REformed Essentials）として動き始めました。彼らの信仰と情熱によるサポートに心から感謝しています。

このように訳した本書を出版したい、という不躾な申し出に、出版社あめんどうの小渕さんが快く協力してくださいました。訳文の校正作業に加え、1冊の本を出版するまでのさまざまなプロセスを一つひとつ導いてくださり大変勉強になりました。深く感謝申し上げます。

さらに、今回の訳書出版は、すべて有志の献金によって実現しました。日本における神学書の充実を図りたいというニーズを伝え、サポートを呼びかけたところ、予算を大きく上回る額が与えられました。惜しみなく献げてくださったお一人おひとりに感謝すると共に、お献げいただいた方に主の豊かな祝福がありますようお祈りいたします。また、合同会社ルア・ランゲージ（翻訳会社）はTREEの働きの会計全般を担ってくださいました。この場をお借りして感謝を表したいと思います。

また、本書のために表紙イラストを描き下ろしてくださった根本杏美さん（イラストレーター）、そしてそのイラストを最大限に活かした装丁デザインを提供してくださったグレッグ・マカイさん（ウェブ・デザイナー）にも、心か

ら感謝いたします。

　そして、思ってもみなかったことですが、日本で長年にわたり知恵文学の研究の第一人者であられる小友先生にご助力をお願いしたところ、すばらしい解説を書き加えてくださいました。著者ロングマンの背景、また本書の特徴や意義についての紹介が加わったことで、多くの読者にとって本書がより味わい深く、意義深いものとなりました。心から感謝申し上げます。

　本書は、神学の学びのための専門書としてももちろん優れていますが、小友先生の解説でも触れてくださったとおり、より幅広い読者層にも非常に分かりやすく書かれています。個人または小グループでの学びの場で、箴言の理解を深めるうえで大変役立つ一冊だと確信しています。本書を手に取ってくださった皆さまが、改めて箴言を読み、至極の宝である神の知恵を楽しみ味わうことに役立ちましたら幸いです。

　最後に、時には週末にまで翻訳作業に没頭する私をいつも支え受け入れ、自由に翻訳をさせてくれる夫と、3人の息子たちの日々の協力にも、心から感謝します。

2023年10月20日

楠　望

事項索引

聖書箇所索引

著者：トレンパー・ロングマン（Tremper Longman Ⅲ）

米ウェストミンスター神学校卒（神学修士）、米イエール大学神学部卒（博士）。ウェストミンスター大学、ウェストモント大学で教える。旧約聖書の知恵文学の分野での著書と共著は、以下を含む20冊以上がある。
How to Read Genesis, How to Read the Psalms, How to Read Daniel, Literary Approaches to Biblical Interpretation, Old Testament Essentials, A Complete Literary Guide to the Bible.

解説：小友 聡（おとも・さとし）

東京神学大学教授、日本基督教団中村町教会牧師。東京神学大学大学院卒（修士）、独ベーテル神学大学卒（神学博士）。
著書：『コヘレトの言葉を読もう』『謎解きの知恵文学』『コヘレトと黙示思想』他。訳書：W. P. ブラウン『現代聖書注解 コヘレトの言葉』ブルッゲマン『旧約聖書神学用語辞典』他

訳者：楠 望（くすのき・のぞみ）

高校・大学生活をニュージーランドで過ごす。マッセイ大学卒（人文学士 言語学）。米ウェストミンスター（WSC）神学校卒（聖書学修士）。TREE代表。
訳書：『信仰というレース──使徒信条から学ぶキリスト教入門』『ニューシティカテキズム デボーション集』。共訳：トレンパー・ロングマン『旧約聖書の基本』

『箴言』の読み方
― 命に至る人生の舵取り ―

2023年11月20日 初版発行

著　者　トレンパー・ロングマン
訳　者　楠 望
装　丁　Greg Mackay
絵　　　Ami Nemoto
協　力　TREE、老松 望、三浦三千春
発行所　あめんどう
発行者　小渕春夫
〒101-0062 東京都千代田区神田駿河台 2-1 OCCビル
https://www.amen-do.com
電　話：03-3293-3603　FAX：03-3293-3605
© 2023 Nozomi Kusunoki
ISBN 978-4-900677-45-6
『聖書 聖書協会共同訳』© 日本聖書協会 2018 使用許諾番号 2023SI0012

印　刷　中央精版印刷
2023 Printed in Japan